新定番

プレゼンの 英語フレーズ 1000

有元美津世 著

JN107664

the japan times 出版

※ 本書は、『プレゼンの英語 実践で役立つ表現 1500』(2011 年 5 月 5 日 初版発行) の改訂版です。

　日本国内でも、社内公用語を英語にする企業が増え、海外とやりとりをする部署でなくても、英語を使う必要性に迫られている方が増えているのではないでしょうか。ある日突然、「海外から研修生が来るから、英語で研修を頼む」と上司に言われるようなケースもあるようです。

　筆者は、15年ほど前に遠距離の受講者向けにオンラインセミナー（ウェビナー）を行っていましたが、リモートワークが普及した今、ウェビナーやオンライン会議、オンライン面接は、当たり前のものとなりました。日本にいながら、海外の取引先にプレゼンする機会も増えたのではないでしょうか。

　筆者自身が日米間の取引のお手伝いをしていて感じたのは、皆さん、ご自分の専門分野では専門家であり、日本語ではちゃんとプレゼンができるのに、英語では言いたいことをうまく伝えられないのでもどかしく思われているということでした。そこで、本書では、「日ごろ、日本語でプレゼンはしているが、英語では初めてだ」という方のために、日本人によく見られるクセなども含め、英語でのプレゼンについて解説しています。これまでの英語のプレゼンに関する類似書では、プレゼンの構成方法に重きが置かれていたようですが、本書では、プレゼンで使える英語表現の紹介に重点を置いています。

筆者の他の著書における多くの読者の方々は、「英語ではこういう言い方をする」ということがわかる例文さえ豊富にあれば、それをご自分で組み立て、現場で使っていらっしゃるようです。そこで、本書では応用がしやすいよう、さまざまな業界のプレゼンの場で使われる英語フレーズを多数紹介しています。

　「実際にビジネスの現場で使われている英語表現を紹介する」というのが筆者のモットーですが、今回も、月に3〜4回参加する米国内の講演・セミナーや過去20年にわたり実際のプレゼンで集めた実践表現を満載しています。

　ますますグローバル化の進む中で、読者の皆さまが、さらに世界に向けてビジネスを切り開いていく一助として、本書をお役立ていただければ幸いです。

有元美津世

Contents

Chapter 0 | プレゼンを始める前に

Chapter 1 | Introduction 導入

Chapter 2 | Body 本論

Chapter 3 | Conclusion 結論

Chapter 4 | Q&A 質疑応答

Chapter 5 | 実践表現

付録 **数字、記号などの読み方** 216
「約／〜くらい」／数・単位／年数・日時／
金額／記号／図形／数式

装幀	GRiD　八十島博明
編集協力	Onda Sayaka (BOOK PLANT)
本文デザイン・組版	清水裕久 (BOOK PLANT)
録音・編集	ELEC 録音スタジオ
ナレーション	Jack Merluzzi / Rachel Walzer / Peter von Gomm

　本書は英語でプレゼンをする際に活用できるフレーズを集めた本です。プレゼンでよくあるシーンごとに必須の表現を5つの Chapter、62 の Unit に分けて紹介しています。

Chapter 1 ～ Chapter 4

　プレゼンの構成に沿った Introduction（導入）、Body（本論）、Conclusion（結論）に加え、Q & A（質疑応答）の章立てです。

❶ 定番フレーズ　比較的平易な構文を用いたシンプルな表現です。基本パターンをもとに、いくつかのバリエーションを紹介しています。

❷ Extra フレーズ　主に、定番フレーズより具体的、あるいは専門的な内容を伝える際に参考となるフレーズを紹介しています。少しくだけたカジュアルな表現もあります。

❸ tips　それぞれのフレーズで難しいと思われる語句や表現について簡単に説明しています。

❹ 具体的な場面を明示 それぞれの場面の、さらに具体的な場面に使える表現です。

❺ プレゼン hacks 英語プレゼンでの "あるある" や、ちょっとしたコツを紹介しています。

Chapter 5

会社概要や試験結果の報告などの場面で使われる、より実践的なレーズです。ポイントとなる表現を色字にしています。

❻ コラム 英語でのプレゼンに関するさまざまな表現のほか、筆者の体験談など、参考となる情報を紹介しています。

　本書の音声は、スマートフォン（アプリ）やパソコンを通じてMP3形式で無料ダウンロードし、ご利用いただけます。ダウンロードできる音声のファイル番号は、各Unitのタイトル上に表示しています。

🔊 Track 00

📱 スマートフォン

❶ ジャパンタイムズ出版の音声アプリ「OTO Navi」をインストール。

❷ OTO Navi で本書を検索。

❸ OTO Navi で音声をダウンロードし、再生。

　3秒早送り・早戻し、繰り返し再生などの便利機能付き。学習にお役立てください。

💻 パソコン

❶ ブラウザからジャパンタイムズ出版サイト「BOOK CLUB」にアクセス

https://bookclub.japantimes.co.jp/book/b631717.html

❷ 「ダウンロード」ボタンをクリック

❸ 音声をダウンロードし、iTunes などに取り込んで再生

　※音声は zip ファイルを展開（解凍）してご利用ください。

Chapter **0**

プレゼンを
始める前に

プレゼンの目的

　プレゼンの準備を開始する前には目的を明確にしておかなければなりません。目的が不明瞭であれば、プレゼンをする相手に何を伝えていいかわかりませんし、話し手にわからないものが聞く相手に伝わるわけがありません。

　以下の点を明らかにして、プレゼンの目的を明確にしてください。

なぜ、そのプレゼンをするのか?

　プレゼンの参加者は「どういう人たちが」「何のために参加し」「何を知りたいのか」を把握しなければなりません。

プレゼンの結果、何を得ようとしているのか?

　プレゼンの参加者に「発注してほしい」のか、「提携してほしい」のか、「供給を受けたい」のかといったことです。社内のプレゼンであれば、「企画を通したい」のか、「予算をいくらもらいたい」のか、ということを明確にするということです。

　以上のことから、プレゼンの目的は、一文で書けるようにしておきましょう。

このプレゼンの目的
A社に新製品Xを注文してもらう

プレゼンの要素とテーマ

① 参加者（ターゲット）の情報を集める

　参加者のニーズに合わせた内容を提供するために、次のようなポイントでできるだけ情報を集める必要があります。

・プレゼンの対象が誰なのか
・何人くらい参加するのか
・何のためにプレゼンを聞きに来るのか
・参加者の知識レベルはどれくらいなのか

② プレゼンの時間設定を確認する

　プレゼンの時間が、1時間なのか、4時間なのか、それによって内容は変わります。時期や場所も同様に重要な要素です。

③ テーマ（伝えるべき内容）を明確にする

　「プレゼンの目的を達成し、得たいものを得るためには、何を伝え、どのようなメッセージを送ればいいか」を明確にします。これも一文で書けるようにしましょう。

例：A社が新製品Xを導入すると製造コスト30％減が可能

④ 効果的な伝え方を検討する

　遠方の参加者がいる場合にはオンラインセミナーという方式が考えられます。パワーポイントよりも動画の方が適切な場合もあるでしょう。パワーポイントを使うにしても、ビジュアル効果をどれくらい使うべきかなどを考慮する必要があります。

プレゼンの構成

① 基本構成

```
プレゼンの目的  ▶  メッセージ（主張）  ▶  根拠
```

② プレゼン構成の例

例1 「A社が新製品Xを導入すると製造コスト30%減が可能」
　　というメッセージを伝えたい場合

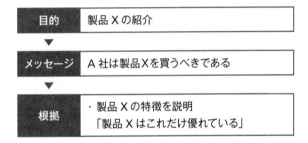

目的	製品Xの紹介
▼	
メッセージ	A社は製品Xを買うべきである
▼	
根拠	・製品Xの特徴を説明 「製品Xはこれだけ優れている」

例2　報告や提案をする場合

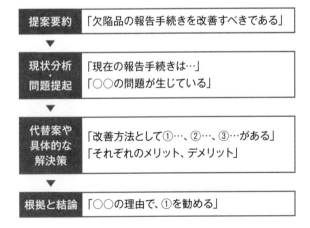

提案要約	「欠陥品の報告手続きを改善すべきである」
▼	
現状分析 ・ 問題提起	「現在の報告手続きは…」 「○○の問題が生じている」
▼	
代替案や 具体的な 解決策	「改善方法として①…、②…、③…がある」 「それぞれのメリット、デメリット」
▼	
根拠と結論	「○○の理由で、①を勧める」

③ プレゼンのポイント

大事なことを先に伝える

現状がよくない場合、先に状況を示すと、「うまくいっていない」という点が「メッセージ」として誤って伝わってしまうこともあります。手順、経過などのように時系列的に説明しなければならないものを除いては、大事なことを先に伝えることが英語のプレゼンテーションのルールです。

結論から各論へ

詳細例を挙げる際には、「海外の売上が伸びている」という総論を先に述べ、次に、「海外の売り上げは、地域別に見ると、中国で特に伸びている」などの具体的な情報を入れるようにしましょう。

必要な事実だけに絞る

自分の専門分野であれば、「これもあれも」と「知っていることをすべて伝えたい」という衝動に駆られるかもしれません。しかし、情報量が多すぎると一番大事なメッセージがぼやけてしまいます。必要な事実だけに絞りましょう。

有名な経営コンサルタントの言葉です。多様な言語や文化背景を持った人々から成る新大陸では「コミュニケーションの道具は数字でなく『絵』である。自分が見えている絵を、わかりやすい言葉で語る。このスキルが、新大陸のコミュニケーションでは最も重要だ」と。プレゼンの場面でも同様です。まず伝えたいテーマ、すなわち「絵（＝ big picture）」を描き、それを簡単なストーリーで語ることが大事で、余計な情報は極力入れない方がいいのです。

スライドの英語の注意点

① 1枚のスライドにひとつのアイデア

② 要点のみ箇条書き

例

・Be prepared!	準備万端であること！
・Have all these tools in your car (your office on the road)	車（外を回っている間の事務所）にすべての備品を備えておくこと

③ 数字または中点（bullets）で整理

例

How to Order:	注文方法：
1) Click "Add to Cart"	「カートに入れる」をクリックする
2) Proceed to "Checkout"	「清算」に進む
3) Enter your information	お客さまの情報を入力する

・Population Growth	人口の伸び
・Industries	産業
・Major Employers	主な雇用主
・Demographics	属性

④ 品詞の統一

動詞で統一

例

・Set Criteria	基準を設定する
・Generate Leads	セールスリード（販売先候補）を作成する
・Evaluate Leads	セールスリード（販売先候補）を評価する

名詞で統一

・Criteria Setting	基準設定
・Lead Generation	セールスリード（販売先候補）作成
・Lead Evaluation	セールスリード（販売先候補）評価

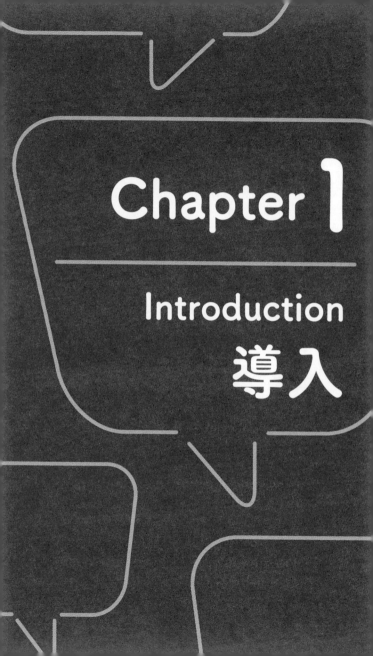

Chapter 1

Introduction
導入

挨拶

定番フレーズ

① Good morning, everyone.
皆さん、おはようございます。

② Hi, everyone.
皆さん、こんにちは。

③ How's everyone doing this evening?
皆さん、今晩の調子はどうですか?

Extra フレーズ

① Hi, how're you doing today?
皆さん、調子はどうですか?

② Is everyone doing ok / great tonight? I'm doing great.
皆さん、今夜は元気ですか?　私は元気です (調子、最高です)。

③ How are you guys doing this afternoon?
今日 (の午後)、皆の調子はどうかな?

_{コラム} 笑顔は大事

　TPO にもよりますが、笑顔は大事です。相手をなごませる効果もあります。私が会計関連のセミナーを受けたときのことです。講師の CPA（米国公認会計士）はプレゼン中もまったく笑顔がなく、休憩中に質問をしに行っても、迷惑そうな顔をしてアイコンタクトもなしに「後にしてもらえますか」と。プレゼンの準備ができておらず、休憩中もそれを必死にやっていたようですが、準備が必要であれば、参加者には見えないところでやるべきでしょう。このおかげで、この講師は、参加者に「すごく感じの悪い人」という印象を与えてしまいました。

　別のアメリカ人講師は、日本でセミナーを行ったとき、セミナー中、ずっとしかめっ面をしていました。参加者が質問をしても眉間に皺を寄せて、まるで「変な質問をしないでほしい」、「あなたの質問なんかに答えたくない」と言っているようでした。

　口よりも物を言う顔の表情——プレゼンのリハーサル時に自分がどんな表情をしているか、鏡で見たり、人に見てもらったりするといいでしょう。

自己演出の効果

　アメリカの大学が実験をした例ですが、精神科医や心理学者、ソーシャルワーカーなどが集まった前で、○○医師と名乗る俳優がプレゼンを行いました。相反するような内容やまったく関係のないような内容を話したのですが、参加者は、皆、話し手を優れた精神科医だと思い込んでいたそうです。

歓迎・謝辞

 定番フレーズ

パターン
①

Welcome to GlobalLINK.
グローバルリンクにようこそ。

. . . .

① Welcome and thanks for attending.
  ようこそ、そしてよくご参加いただきました。

. . . .

② On behalf of World Corporation, I'd like to welcome you to this special event.
  ワールドコーポレーションを代表し、この特別イベントに歓迎いたします。

📕 プレゼンhacks

　日本人の英語には、概してフォーマルで硬い表現が多用されますが、アメリカでは、ビジネスシーンでのプレゼンであってもかなりカジュアルです。とくに社内での発表や（筆者がよく参加するような）投資家、一般人向け講演やセミナーでは友人に語りかけるような口調のものも少なくありません。

パターン
❷

Thank you for joining me today.

本日はお越しいただき、ありがとうございます。

① Thanks for coming today.

今日は、来てくださりありがとう。

② Thanks for being here this afternoon.

今日の午後は、お越しいただきありがとう。

③ Thank you for the invitation to speak about the research results.

調査(研究)結果についてお話しするようお招きいただき、ありがとうございます。

④ I thank Best Technology for this opportunity.

この機会をくださったベストテクノロジー社に感謝します。

⑤ I appreciate being with you this afternoon.

本日(の午後)は、皆さまにお話できることに感謝します。

⑥ I appreciate the opportunity to be here with you to talk about the XYZ program.

皆さんに XYZ プログラムについてお話する機会をいただき感謝します。

I'm glad to be speaking to you again.

また、皆さんの前でお話しできてうれしいです。

- -

① I'm pleased to be here with you today.

今日、ここに皆さんといられることを嬉しく思います。

② I'm [so] excited to speak to you about this [great] opportunity.

この（すばらしい）チャンスについて皆さんにお話しできることに（とても）胸を高鳴らせています。

- -

③ I'm grateful for the opportunity to speak to such a wonderful group of professionals.

このようなすばらしい専門家の方々にお話しする機会をいただき、感謝いたします。

- -

④ I'm [deeply] honored to be here to celebrate the 50th anniversary of the association.

協会の 50 周年を祝うために出席でき、（まことに）光栄です。

- -

⑤ I feel honored to participate in such an important event.

このような重要なイベントに参加でき、光栄に存じます。

💡tips

- -

⑤ "honor" を使うとフォーマルなトーンになります。

パターン
④

It's a great honor to be here tonight.

今晩、ここにいられることは大変な栄誉です。

① It's a privilege to be invited to this event today.

今日、このイベントにご招待いただいたことを名誉に思います。

② It's great to be here today to share this story / discussion / secret.

今日、こちら（談義、秘訣）を皆さんにお話しでき、うれしく思います。

③ It's great to finally meet everyone in person. Webinars and emails are fine but nothing beats face to face.

やっと皆さんと直接お会いできてよかったです。ウェビナー（オンラインセミナー）やメールもいいですが、直接お会いすることに勝るものはないですね。

④ It's a great pleasure to be in the company of so many people who play an incredibly important role in the development of this product.

この製品の開発に大いに尽力された多くの方々とご一緒できることを、非常に嬉しく存じます。

tips

① "privilege" もフォーマルなトーンになる表現です。

① My thanks to all of you for joining me this morning.

今朝、お越しいただいた皆さまに感謝します。

② You can't imagine how special this opportunity is to me.

この機会が私にとってどれだけ特別なことかご想像いただけないかもしれません。

③ I never dreamed I'd be standing here receiving this recognition.

この場で、このような栄誉をいただけるとは夢にも思いませんでした。

特別なゲストに

④ I wish to express our most sincere appreciation to Honorable Former Ambassador Howard Lee for providing this opportunity.

この機会をくださったハワード・リー前名誉大使に心から感謝の意を表明させていただきたいと思います。

⑤ Thank you very much for your warm introduction.

ご丁寧にご紹介をいただき、どうもありがとうございます。

⑥ I've known Alicia since we both worked for ABC Corporation.

アリシアとは、ABC コーポレーション時代からの知り合いです。

tips

⑥ 司会者との関係を簡単に述べてもかまいません。

自己紹介

定番フレーズ

パターン
❶

I'm Kiyoshi Minami. I'm the quality assurance manager at Best Electronics.

南清です。ベスト・エレクトロニクス社で品質管理マネジャーを務めています。

① **I'm Dr. Amano. I teach economics at World University.**

博士の天野です。ワールド大学で経済を教えています。

② **My name is Junko Kishibe. I'm the new marketing manager.**

岸辺純子といいます。新任のマーケティング・マネジャーです。

🔖 プレゼンhacks

　自己紹介の場面で自分の名前を言うとき、"My name is（名前）" よりも "I'm（名前）" の方が一般的です。

　また、Ph.D.（博士）や M.D.（医学博士）など博士号を所有している場合、名前の前に "Dr." をつけて自己紹介をすることが多いですが、つけなくてもかまいません。

I'm in charge of logistics.

ロジスティクス担当です。

① I'm a law professor at Best University.
ベスト大学の法学教授です。

② I'm the head of the engineering department.
エンジニア部門長を務めています。

③ I manage daily operations at the facility.
施設で日々の運営を管理しています。

④ I lead the ABC project.
ABC プロジェクトのリーダーです。

Let me share a [little] bit about myself.

少し自己紹介をします。

① Before I get started, let me briefly introduce myself.
始める前に、簡単に自己紹介をさせてください。

② [Here's] A little bit about me.
少しだけ自己紹介。

Introduction 導入

Extra フレーズ

① I'm a researcher at the World Institute. I started here in 1998.

ワールド研究所で研究職に就いています。1998 年から同所に勤務しています。

② Some of you don't know me. Let me introduce myself.

私をご存じない方もいらっしゃいますので、自己紹介をします。

③ For those who don't know me, I'm Masao Tanaka.

私をご存じない方のために、私は田中雅夫といいます。

④ For those who aren't familiar with me, let me tell you a little bit about myself.

私をよくご存じない方のために、少しだけ自己紹介をさせてください。

Body 本編

Conclusion 結論

Q&A 質疑応答

プレゼンhacks

　どのような自己紹介をすべきかは、参加者によります。社内のプレゼンで、参加者がすでに顔見知りであれば自己紹介は必要ありませんし、社外の初めての相手であれば、氏名や肩書き、社名（勤務先）、職務内容の紹介も必要でしょう。ただし、これも簡潔に、数行で十分です。略歴や履歴書などが必要であれば、配布資料に含めます。

実践表現

参加者の興味を引きつける

参加者に問いかける

定番フレーズ ❶

Anyone who hasn't heard me before?

私の話をお聞きになるのが、今回、初めての方は？

.....

① Has anyone taken my training?

　私の研修を受講されたことのある方はいらっしゃいますか？

② Have any of you come to my seminar before?

　以前、私のセミナーを受講されたことのある方はいらっしゃいますか？

③ How many of you have read my book?

　私の著書を読んだことのある方、何人いらっしゃいますか？

④ Ok, for most of you, this is the first time to hear me talk.

　なるほど、ほとんどの方は、私の話を聞かれるのは今回初めてですね。

⑤ Looks like some of you have read my book.

　私の著書を読まれたことのある方が何人かいらっしゃるようです。

⑥ Oh, not that many.

　あっ、あまりいらっしゃいませんね。

定番フレーズ ❷

I see some familiar faces out there.

見覚えのある方も何人かいらっしゃいますね。

① I'm sure I've seen some of you before.
以前、お目にかかったことのある方もいらっしゃると思います。

② Some of you may have heard me speak before.
以前、私の話をお聞きになったことがある方もおいでになるかと思います。

③ Some of you may have heard me talk about this topic before.
以前、このトピックについて私の話をお聞きになったことがある方もおいでになるかと思います。

④ You've taken my workshop before, right?
以前、私のワークショップを受講されたことがありますよね?

⑤ You've attended my seminar several times before, haven't you?
私のセミナーには、これまで何度か参加されましたよね?

Extra フレーズ

① Are you enjoying the conference / convention?
会議(大会)を楽しんでいらっしゃいますか?

② That was a great keynote speech, wasn't it?
すばらしい基調講演でしたよね。

Have any of you been to Japan?

日本に行かれたことのある方はいらっしゃいますか？

---

① Have any of you been on the subway in Tokyo?

東京の地下鉄に乗られたことのある方はいらっしゃいますか？

---

② How many of you have been to a hot spring?

温泉に行かれたことのある方は、何人いらっしゃいますか？

---

③ How many of you have seen the movie, *The King's Speech*?

映画『英国王のスピーチ』をご覧になった方は何人いらっしゃいますか？

---

④ How many of you develop web applications?

ウェブアプリケーションを開発されている方は、何人いらっしゃいますか？

---

⑤ Have any of you been in a situation where a few of your project members got sick at the same time?

プロジェクトメンバーの数人が、同時に病気になるという状況に陥ったことのある方はいらっしゃいますか？

Introduction 導入

⑥ Does anyone speak Japanese?
日本語をお話しになる方はいらっしゃいますか？

⑦ Does anyone play baseball?
野球をされる方はいらっしゃいますか？

Extra フレーズ

Are any lawyers in the audience?
この中に弁護士の方はいらっしゃいますか？

💡 tips

アメリカでは、嫌われ者の弁護士がジョーク、皮肉の格好のターゲットとなり、弁護士ジョークや皮肉を言う前に、このように聴衆に聞くケースがよくあります。講師自身が弁護士の場合でも、同様です。また、"lawyers" の部分を変えれば、どの職業にも使える表現なので、会場にいる専門家の意見を聞きたい場合などにも使えます。

Body 本編

Conclusion 結論

Q&A 質疑応答

📖 プレゼンhacks

日本では講師が話して、聴衆が聞くという一方通行の形のプレゼンが多いですが、欧米では聴衆の参加を求め、双方向的に行う形が喜ばれます。出だしの部分も、参加者への質問から始めてもいいでしょう。これによって、参加者を講師の話に集中させる効果があります。プレゼン内容に関するのであれば、場を和ませるために、上記のような質問をしてもいいでしょう。

実践表現

① You know that Japan is smaller than California?

日本はカリフォルニアより小さいということをご存じですか？

② The first Olympic Games were held in 1896, but women first competed at the 1900 Paris Games.

最初のオリンピックは 1896 年に開かれましたが、女性が初めて参加したのは 1900 年のパリオリンピックでした。

③ They say we can effectively recall 20% of what we hear and 30% of what we see and 70% of what we do.

人が思い出せるのは事実上、聞いたことの 2 割、見たことの 3 割、したことの 7 割と言われています。

④ It's said that most adults have an attention span of somewhere between 25 and 40 minutes, so I won't be testing that threshold.

ほとんどの成人の注意持続時間は 25 ～ 40 分程度と言われていますので、私はその限界に挑むつもりはありません。

💡tips

① 尻上がり調に言えば、「ご存じですか？」と質問の意味ですが、尻下がり調に言えば「ご存じですよね」と事実を述べるニュアンスになります。

有名人の言葉を引用する

① You've heard that "A lot of people mistake a short memory for a clear conscience," right?

「多くの人が、良い人でいるために物忘れをする」という話、聞いたことがありますよね?

② Winston Churchill once said, "A lie gets halfway around the world before the truth has a chance to get its pants on."

ウィンストン・チャーチルは、こう言いました。「嘘が世界を半周したころ、真実はようやくズボンを履くところだ」

③ According to Einstein, "A person who never made a mistake never tried anything new."

アインシュタインによれば、「間違いを犯したことのない人というのは、何も新しいことをしたことのない人のことだ」。

④ I don't know if it's true, but Pablo Picasso supposedly said "Computers are useless. They can only give you answers."

本当かどうかわかりませんが、パブロ・ピカソは「コンピュータは役立たず。答えしかくれないから」と言ったということです。

📖 プレゼンhacks

　有名人の言葉の引用は、プレゼンの内容に関連したものにしましょう。「私は、こんな引用、歴史的人物も知っているのですよ」と知識をひけらかす目的で引用を使うのはマイナスです。また、引用するのは一文の簡単なものにしましょう。

逸話やユーモアを使う

経験談を語る

① Let me relate a true, personal experience.
実際の、私の経験談を話したいと思います。

② You know, I have a story [to tell].
実は、こんな話があります。

③ You know, this happened to me sometime ago.
以前、私が経験したことなのですが。

最近の経験談

④ The last time I was in Amsterdam, something interesting happened.
前回のアムステルダム滞在時に、面白い体験をしました。

⑤ I just came back from Shanghai. Let me tell you what's going on there.
上海から帰ってきたところです。現地での状況をお話ししましょう。

⑥ I happened to sit next to the CEO of World Technology. He told me that …
偶然、ワールドテクノロジーの CEO の横に座ったことがあります。彼はこう言っていました…。

Introduction 導入

⑦ A few years ago, when I was giving a presentation in Seoul, one of the attendees was struggling to stay awake.

数年前、ソウルでプレゼンを行ったとき、参加者の一人が必死で居眠りしないようにとがんばっていました。

昔の経験談

⑧ When I was in college, I had this part-time job.

大学時代、こんなアルバイトをしていました。

Body 本編

⑨ My first job was with Best Bank.

初めて就職したのはベストバンクでした。

Conclusion 結論

⑩ My boss said to me, "I didn't hire you to bring me problems. I hired you to solve problems." Only after I hired my own employees, did I truly understand what he meant.

上司に言われました。「問題を起こすためにあなたを雇ったのではない。問題を解決してもらうために雇ったんだ」と。自分が社員を雇う立場になって初めて、その上司の意味するところが本当に理解できました。

Q&A 質疑応答

⑪ My former boss once said to me, "Don't tell me how hard you work. Tell me how much you get done."

昔の上司に言われました、「どれだけがんばったのかは聞きたくない。どれだけやり遂げたかを言え」と。

実践表現

① **55% of people are more afraid of giving a speech than dying!**

55%の人が、死ぬよりもスピーチをすることの方が怖いそうです。

② **Assumption is the mother of all screw-ups.**

思い込みは失敗の母。

③ **All work and no play will make you a manager.**

仕事ばかりで遊ばないでいると、あなたはマネジャーになります。

④ **I've learned that everything is always okay in the end. If it's not okay, then it's not the end.**

私は、何でも最後には万事よしとなることを学びました。よしでなければ、それは最後ではないということなんです。

⑤ **Better late than really late.**

遅れは多大なる遅れよりもマシです。

⑥ **A bad plan is better than no plan.**

下手な計画は無計画よりはマシです。

⑦ **They say "insanity is doing the same thing over and over and expecting different results."**

「同じ事を繰り返し行い、違う結果を期待することは正気の沙汰ではない」と言いますね。

⑧ A conclusion is simply the place where you got tired of thinking.

結論とは単に、考えることに疲れた地点です。

⑨ Anything worth taking seriously is worth making fun of.

真剣に考える価値のあるものはすべて、からかう価値があるんです。

📕 プレゼンhacks

　緊張を解き、会場を和ませるために、ice breakerとしてユーモアを使うのは有効です。ただし、これもプレゼンの内容と関係のあるものにしましょう。ただ単に笑いを取るためにジョークを言うのはマイナス効果です。

　ちなみに、ユーモアとジョークは違います。本来、英語でいう"joke"とは、オチのある完結した小話です。日常会話でも"Let me tell you a joke."と始まり、話し手も聞き手もオチがあることがわかっています。つまり、「笑わせよう」という話し手の意図が明白であり、聞き手が笑わなければ「失敗」ということになるので、そうした場合、その後のプレゼンにも影響を及ぼします。盛り込むならば、プレゼン内容に関係のある自然発生的な機知に富んだユーモアが一番効果的でしょう。

　その際、人種・民族に関したものや聴衆を笑い物にするユーモアも禁物です。笑い物にするのは自分自身、自分の経験などにしましょう

⑩ Be nice to your kids. They'll choose your nursing home.

子どもには親切にすべきですよ。あなたの老人ホームを選ぶのは彼らですから。

⑪ I'll be talking about one of the two inevitables in life. That's right —— death and taxes. No, I won't be talking about death today.

人生には避けられないものが 2 つあります。そのうちの一つについて話します。そのとおり——死と税金です。いいえ、私は今日、死について語るつもりはありません。

⑫ As we all know, when you assume, you make an ass out of you and me.

皆さんご存じのように、思い込むと、あなたも私もバカを見ることになります。

⑬ If at first you don't succeed, call it version 1.0. You've heard that, right?

初回でうまくいかなければ、バージョン 1.0 と呼べばいいのです。聞いたことがあるでしょう?

⑭ You know, anything you lose automatically doubles in value.

失ったものは何でも、自動的に価値が倍増することはご存じですよね。

⑮ Alcohol is not the answer; it just makes you forget the question.

アルコールは答えではありません。ただ、質問を忘れさせるだけのものです。

⑯ You know the 80/20 rule? Only 20% of anything matters, so you should focus on that 20%. In other words, don't worry about writing down everything I say.

80/20 のルールをご存じですよね？　何にしろ、肝心なのは 20%であるということ。ですから、皆さんも、その20%に集中してください。つまり、私が言うことすべてを書き留める必要はありません。

⑰ Have you heard this before? To steal ideas from one person is plagiarism; to steal from many is research.

これを聞いたことがありますか？　一人からアイデアを盗めば盗作であり、たくさんの人から盗めば調査である。

💡tips

⑤ たとえば、遅れているプロジェクトの話の合間に使えます。

⑫ 明確な根拠がないまま憶測する assume と ass (愚か者)u (you) + me という表現をかけた言葉遊びです。

主題を大まかに説明する

番フレーズ

パターン
①

Today I'm going to talk about the latest trend in our industry.

今日は、当業界の最新の傾向についてお話しするつもりです。

....

① I'm going to brief on the status of the project, and also, where it's going.

プロジェクトの状況と、また今後の方向性について少しお話しするつもりです。

....

② I'd like to share an overview of our new reporting system.

新しい報告システムの概要を説明したいと思います。

....

③ This afternoon I'd like to discuss how you can optimize your network performance.

今日の午後は、ネットワーク性能の最適化の仕方についてお話ししたいと思います。

....

④ I want to spend the next hour on suggestions for improving the mechanism.

この1時間、メカニズムを向上させるための案についてお話しします。

パターン
❷

My presentation is about this new government program.

私のプレゼンは、この新たな政府プログラムに関するものです。

---

① The subject of this presentation is the economic outlook.

このプレゼンのトピックは経済の見通しについてです。

---

② The purpose of this presentation is to explore the opportunities for Zen Corporation.

このプレゼンの目的は、禅コーポレーションにとってのチャンスを探るものです。

---

③ My purpose today is to present a list of suggestions to improve the effectiveness of our accounting system.

今日の私の目的は、当社の会計システムの効果を向上させる一連の案をお知らせすることです。

---

④ This is a summary of our recent study.

これは、最近の研究の要約です。

📖 プレゼンhacks

　主題について話し出す前に、簡単に、プレゼンの内容を紹介します。また、参加者が何を得られるか、どんなメリットがあるかもつけ加えるといいでしょう。

Let me share how the new product is doing.

新製品の状況をお知らせします。

---

① I'll share the latest findings from the recent market survey.

最近の市場調査から最新の結果をお知らせします。

---

② I'll share a few facts that I think you'll find interesting about our new product.

当社の新製品で関心を持っていただけそうな事柄をいくつか説明します。

---

③ I'll show you where we are now, and with the new sales promotion, where we will go from here.

現状と、新たな販促により今後どのように進むかを、説明します。

Extra フレーズ

① I'll be (I'm) presenting the test results.

試験結果をお知らせします。

---

② This is a report of our investigation to determine the cause of the recurring problem.

これは、繰り返し起こる問題の原因を究明するための調査報告です。

③ This presentation is a road map to the commercialization of the next-generation ZAT.

このプレゼンは、次世代 ZAT の商業化へのロードマップです。

④ We're at a critical go-no-go juncture with the rollout of DXD. Today I want to share the latest developments and, with your help, make a decision about where we go from here.

DXD の発売に関し、進むべきかどうかの重大な岐路に立たされています。今日は、最新の状況をお伝えし、皆さんにご協力いただいた上で、今後どうすべきかを決めたいと思います。

⑤ Remember last week we discussed the rollout of our new marketing campaign. Today I'd like to bring you up to speed on how the campaign is going.

先週は、新しいマーケティングキャンペーンの開始についてお話ししましたよね。今日は、キャンペーンの状況について最新情報をお伝えしたいと思います。

⑥ I hope, today, you'll learn a little about how we have been able to achieve our position in this highly competitive industry.

今日は、この非常に競争の激しい業界で、当社がどのように地位を築くことができたかを少しお話しできればと思います。

Housekeeping
（ルーティンの手続き）

ルーティンを導入する

① We need to take care of some housekeeping issues to begin with.
まず、雑事を処理する必要があります。

② Let's get a few housekeeping items out of the way first.
まず雑事を片付けましょう。

③ A few housekeeping matters.
雑事をいくつか。

音声を確認する

① Can you hear me in the back?
後ろの方、聞こえますか?

② Can everyone hear me [fine]?
皆さん、(ちゃんと) 聞こえますか?

③ "Hello, just testing the microphone."
「ハロー、マイクのテストです」

不具合があるとき

④ I guess it's not working.
聞こえていないみたいですね。

⑤ Hmm, the microphone isn't working.

うーん、マイクが作動していません。

⑥ Can someone fix it?

誰か、直してもらえますか？

⑦ Could I get help with this?

これ、何とかしていただけますか？

⑧ As soon as we have it fixed, we'll get started.

直ったら、すぐに始めます。

⑨ In just a few minutes, we'll get started.

数分後に開始します。

📖 プレゼンhacks

　"Housekeeping" といえば、一般には、家をきれいにすること、ホテルで客室をきれいにするという意味で使われますが、会議・プレゼンなどでは、ルーティンの手続きのことを指し、マイクの音声はちゃんと聞こえているか、休憩はいつ取るのか、参加者からの質問はいつ受け付けるのかなどを意味します。

　講師として招待されている場合は、プレゼンの前に司会者が触れることが多いですが、講師自身が行うときもあります。

配布資料について触れる

① Does everyone have the handout?
皆さん、配布資料をお持ちですか?

② You should have three handouts.
(お手元に) 3 つの配布資料があるはずです。

③ Who needs the handout?
配布資料のない方?

④ You should have found the handout on your seat.
座席に配布資料があるはずです。

⑤ We're handing out a packet of information.
資料を配布しているところです。

⑥ The handout is being circulated now.
今、配布資料を回しているところです。

⑦ Don't worry about writing down everything I say. I can e-mail you a copy of the presentation if you'd like.
私が言うことをすべて書き留める必要はありません。ご希望であれば、プレゼンのコピーをメールします。

💡tips

⑤ a packet of ... (…の関係) 書類一式

▌照明や室温を調整する

照明を調整

① Could you / anyone turn off the lights?
照明を落としていただけますか？

. . . .

② Is it possible to dim the lights?
照明を暗くすることは可能ですか？

. . . .

③ It might be too dark. Can we get a little more light?
ちょっと暗すぎるかな。もう少し照明を明るくしてもらえますか？

空調を調整

④ It's a little cold in here, don't you think?
部屋がちょっと寒いですね。

. . . .

⑤ Is it possible to turn up the air in here?
空調を強めていただけますか？

. . . .

⑥ Is it too warm for any of you?
暑すぎますか？

. . . .

⑦ Now it's too cold?
今度は寒すぎますか？

. . . .

⑧ Can you adjust the temperature?
温度を調節してもらえますか？

💡tips
. . . .

①③⑧ 人に依頼をする場合、"can" と "could" のどちらを使ってもかまいませんが、"could" の方がやや丁寧です。たとえば、同僚に対してであれば "can" で十分ですが、どちらか迷うのであれば "could" を使っておくと無難です。

プロジェクターの操作を指示する

① **Next slide, please.**
次のスライド、お願いします。

② **Can / Could you go to the next slide?**
次のスライドに行っていただけますか？

③ **Can / Could you go back to the beginning?**
最初に戻っていただけますか？

④ **Let's skip a few slides.**
数枚、飛ばしてもらえますか？

休憩について触れる

① **We'll take a 10-minute break at 10:30.**
10時半に10分休憩を取ります。

② **We should be done by 5 o'clock.**
5時までに終わります。

③ **I promise I'll let you out by 4:30.**
4時半までにお帰りいただけるようにします。

④ **We have a lot to cover tonight. I'm not planning to take a break.**
今晩は取り上げる内容が多いので、休憩を取るつもりはありません。

質疑応答について触れる

質問は随時

① Feel free to ask any questions at any time.

ご質問は、いつでも遠慮なくしてください。

② If you have any questions, I'll be happy to answer them as we go along.

ご質問があれば、随時、お答えします。

質問は最後に

③ I'll be glad to make time at the end of the presentation to talk to you personally.

プレゼンの最後に、皆さんと個別にお話しするための時間を設けます。

④ We'll have a 20-minute Q&A session at the end.

最後に、20分の質疑応答セッションを設けます。

⑤ There will be plenty of time for questions at the end.

最後に十分な質問時間があります。

⑥ If you could, let's hold all the questions until the end.

できれば、質問はすべて最後にしましょう。

Introduction 導入

Body 本編

Conclusion 結論

Q&A 質疑応答

実践表現

禁止事項を伝える

① Please make sure your cell phones are off.

携帯の電源を切っていることを確認してください。

② Please turn off your mobile devices if you haven't done so already.

もしまだ切っていただいていなければ、モバイル機器の電源を切ってください。

③ No audio recording, video recording, or photography is allowed during the presentation.

プレゼン中の音声録音、動画録画、写真撮影は禁止されています。

④ No audio recording or video taping, please.

音声録音や動画録画はやめてください。

遅れや不具合を謝罪する

① Thank you for waiting. There was a big accident on the freeway and I was caught up in the traffic.

お待たせいたしました。高速道路で大きな事故があり、渋滞につかまってしまいました。

② Sorry for the late start. My flight was delayed because of the weather.

開始が遅くなってすみません。天候のためにフライトが遅れました。

Introduction 導入

③ We're having a little equipment trouble. We'll have a short delay.

ちょっとした機器のトラブルが発生しています。少し開始が遅れます。

④ Forgive my attire. I arrived in London last night, but my bag didn't.

こんな服装で失礼します。私は昨夜ロンドンに着いたのですが、カバンは着きませんでした。

Body 本編

⑤ I hope my voice will last through the presentation. I'm getting over a cold.

プレゼンの間、声が持つといいのですが。風邪が治ったばかりで。

Conclusion 結論

⑥ I've been speaking for 5 days in a row and I'm losing my voice.

5日連続で話し続けているもので、声がかすれています。

Q&A 質疑応答

🔖 プレゼンhacks

簡単に謝罪はすべきではありませんが、到着が遅れたり、機器の不備で開始が遅れたりした際には、簡単に謝罪するとよいでしょう。

実践表現

司会者用の決まり文句

プレゼン開始前に

① **Please, everyone, be seated.**
皆さん、着席してください。

② **We'll be starting in a few minutes.**
数分で開始します。

③ **We're starting. Everyone, please have a seat.**
始めますので、皆さん、着席してください。

④ **Can we get your attention?**
お静かに願います。

⑤ **Can we get everyone's attention, please?**
皆さん、お静かに願います。

⑥ **Before we get started, we have some announcements to make.**
始める前に、いくつかお知らせがあります。

⑦ **We have a few announcements to make about our upcoming events.**
今後のイベントに関し、お知らせがいくつかあります。

講師を迎え入れる

① I'd like to introduce Dr. Tao.
タオ博士をご紹介します。

② Here's Dr. Ericson.
エリクソン博士です。

③ Today we have a special guest.
今日は特別なゲストをお招きしています。

④ Today's speaker is Ms. Mayumi Miyagi.
今日は、宮城真由美さんにお話しいただきます。

⑤ Now let me introduce Fernando Diaz.
フェルナンド・ディアスをご紹介しましょう。

⑥ Please welcome Mr. Kim.
キム氏をご歓迎ください。

⑦ Let's give her a warm welcome!
温かい歓迎をお願いします。

⑧ Please give him a big hand.
大きな拍手でお迎えください。

💡tips

⑤ 目上の人を紹介するのでなければ、アメリカでは Mr./Ms. をつけなくてもかまいません。

⑧ 講演の最初と最後の両方に使えます。

Introduction 導入

Body 本編

Conclusion 結論

Q&A 質疑応答

実践表現

055

講師を紹介する

① Michelle and I have known each other for 15 years.

ミッシェルとは知り合って 15 年になります。

② Raj and I used to work in the same lab a few years ago.

ラジとは、数年前、同じ研究室で働いていました。

③ She has over 20 years of industry experience.

業界で 20 年以上の経験をお持ちです。

④ As a successful entrepreneur, he is known for his no-nonsense approach to business.

成功した起業家である氏は、現実的な経営手法で知られています。

⑤ I always learn a lot from him.

いつも、たくさん学ばせていただきます。

⑥ Her presentation is always full of great / useful information.

氏のプレゼンは、いつもすばらしい (役立つ) 情報で満載です。

📕 プレゼンhacks

　司会者が講師を紹介する場合、講師の簡単なプロフィールのほか、講師と懇意にしていればその経緯、また講師への賛辞を簡単に盛り込むといいでしょう。

プレゼンの内容に触れる

① Mr. Mansour is going to tell us secrets for success.

マンソー氏が、成功の秘訣をお話しくださいます。

② She is going to share her expertise with us today.

今日は、専門知識をご教示いただきます。

③ This afternoon we will learn from his insights.

今日の午後は、氏の洞察から学ぶことができます。

④ What she's going to teach today is priceless.

今日、教えていただくことは、非常に貴重なものです。

⑤ He'll tell us, first-hand, the realities —— what's happening in the market.

実際に経験されました現実——市場で何が起きているかをお話しいただきます。

⑥ It's probably the hottest topic in the market right now.

おそらく今、市場でもっとも熱いトピックです。

⑦ They will give you the crucial perspectives needed for your success.

講師の皆さんは、あなたの成功に必要な大事な見方を教えてくださいます。

⑧ Today you'll learn more than the basics.

今日は基礎以上のことが学べます。

⑨ I've heard him speak before. He's such an informative and entertaining speaker.

以前ご講演を拝聴したことがありますが、非常に有益かつ楽しい講演をしていただけます。

⑩ She is a great speaker and I always enjoy her presentation.

すばらしい講師でいらっしゃるので、いつも楽しく講演を拝聴させていただいております。

コラム "You guys"

アメリカで、2人以上の複数の人に呼びかける際に使われるカジュアルな表現ですが（南部では "You all"）、今ではビジネスの場でも浸透しており、プレゼンの場で参加者に対して使われることもあります。たとえば、20年前には、企業のカスタマーサポートセンターや、ホテルや航空会社に予約の電話を入れる際でもふさわしくないような表現でしたが、今では「お宅」といった感じで、相手の企業を指して使われます。

こうしたカジュアルな表現は、そのニュアンス、TPOを理解していない限り、使うべきではないでしょう。特に、英語が片言なのにこうしたカジュアルな表現ばかりを多用すると、ビジネスシーンにはミスマッチで、unprofessionalな印象を与えます。

Chapter 2

Body
本論

説明する内容について述べる

定番フレーズ

パターン ❶

Let me start with a market overview.
まず、市場概況から始めます。

① Let me start by saying that I'm not an engineer myself.
まず初めに、私自身は技術者でないことをお伝えしておきたいと思います。

② First, let me review what we covered last week.
まず、先週扱った内容から復習しましょう。

③ Let me address the currency issue.
通貨の問題について話したいと思います。

④ Let me give you a brief introduction.
簡単に前置きを述べます。

⑤ Let me outline the features of the new product.
新製品の特徴について略述します。

⑥ Let me begin with a story about a former co-worker.
まず、私の昔の同僚の話をさせてください。

パターン
❷

I'm going to describe a typical situation.

典型的な状況について述べたいと思います。

① First, I'm going to discuss the basics of the safety training.
まず、安全訓練の基礎からお話しします。

② I'm going to address the challenges we face.
われわれが直面する課題について触れたいと思います。

③ I'm going to outline the three key issues.
3つの主要な問題点を略述します。

パターン
❸

[Here's] A brief introduction.

簡単な前置きから (です)。

① Here is the rollout schedule.
これが、運用展開のスケジュールです。

② This is an outline of our new plans.
これは新しい計画の概略です。

📖 プレゼンhacks

突然、プレゼンの内容に入るのではなく、まず何に関するプレゼンなのか、どういったことを話すのかを簡単に説明するといいでしょう。

① Let's begin with the positives.
肯定的な話から始めましょう。

② First, let me briefly share some background.
まず、背景を簡単に説明します。

③ First, why don't I begin with the big picture?
まず、全体像から始めましょうか。

④ I'm gonna (going to) begin with a discussion of the financials.
財政面の話から始めたいと思います。

⑤ I wanna (want to) start off with theoretical considerations.
理論的な考察から始めたいと思います。

💡 tips

④⑤ "gonna" は "going to" の、"wanna" は "want to" の口語体ですが、格別フォーマルな場面でない限り、プレゼンで普通に使われます。また、短縮形なので、ゆっくり話す際に "gonna" "wanna" を使うと不自然です。ゆっくり話すのであれば、"going to" "want to" または "would like to" を使いましょう。

報告する

定番フレーズ

パターン

This is the latest report on HGG.

これは、HGG の最新報告です

① This is the latest scoop on JRR.

これは、JRR に関する最新入手情報です。

② This is our analysis.

われわれは、このように分析しました。

③ This is what we're doing.

われわれは、今、このようなことを行っています。

④ Here's the test result.

これが試験結果です。

⑤ Here are the updates on our development.

開発状況の最新情報です。

⑥ Here is an overview of the Japanese smartphone market.

これは、日本のスマートフォン市場の概要です。

I'd like to report on the progress of the project.

プロジェクトの進行状況をご報告したいと思います。

① I'd like to update you on the recent improvements we've made to the system.

最近システムに加えた改善について、最新情報をお伝えしたいと思います。

② I'm going to share the results of the recent customer survey.

最近の顧客アンケート調査の結果についてお話しします。

③ I'm going to talk about the status of the network security.

ネットワークセキュリティの状況についてお話しします。

④ I'm happy to report to you that all the contracts have been renewed.

契約がすべて更新されたとお伝えできることをうれしく思います。

⑤ Let me briefly explain what we have undertaken.

われわれが着手していることを簡単に説明させてください。

⑥ Let me share with you what the customers are saying.

お客さまがどう思っていらっしゃるかをお知らせしたいと思います。

Extra フレーズ

① The results offer interesting insights into the status of computer usage at ABC Corporation.

（調査）結果から、ABC 社でのコンピュータ使用状況に関し、興味深い洞察が得られます。

② Studies have shown a 4-day work week can increase productivity as much as 25%.

調査によると、週休 3 日制によって生産性が 25％も増すということです。

③ The data was / were analyzed quantitatively and qualitatively.

データを、定量的かつ定性的に分析しました。

④ The analysis of the data indicates that a disparity exists between urban and rural dwellers.

データを分析したところ、都心部と地方の居住者の間には差異があることが示されました。

⑤ The survey results show that STX500 has a large potential in Japan if some modifications are made to meet the market needs and it's priced correctly.

調査結果によれば、STX500 は、市場のニーズに合うように少し手を加え、適切な価格をつければ、日本で大きな可能性があります。

データや図表を説明する

データ・図表の題材を示す

① **The table summarizes the test results.**
試験結果を表にまとめたものです。

② **The results are shown in the table.**
結果は表に示されています。

③ **This is a chart illustrating the growing income inequality.**
これは、拡大する所得格差を表したチャートです。

④ **This shows the competitive landscape: where ABC stands in relation to its rivals.**
これは、競合環境——競合他社に対する ABC 社の位置づけを示したものです。

⑤ **Table 3 compares AGE100 with ETV200.**
表 3 は、AGE100 と ETV200 の比較を示しています。

⑥ **Here's the breakdown of the cost. What we did next is the SWOT analysis.**
これはコストの内訳です。次に行ったのは SWOT 分析です。

💡tips

⑥ SWOT analysis　企業の外部・内部環境を Strength（強み）、Weakness（弱み）、Opportunity（機会）、Threat（脅威）の 4 つの要素で要因分析すること

データ・図表から読み取れることを伝える

① Figure 3 indicates potential problems with safety.

図3は、安全性に対して問題があり得ることを示しています。

② As the diagram shows, the structure is not symmetrical.

図が示すように、構造は対称的ではありません。

③ This diagram clearly demonstrates the variation.

この図が、変動をはっきりと示しています。

④ The pie chart shows the distribution of page views by age group.

パイチャート（円グラフ）は、年齢層によるページビューの分布を示したものです。

⑤ Consumer preferences are displayed in bar graphs.

消費者嗜好は、棒グラフで示されています。

⑥ Look at the two lines. They diverge significantly over time.

2つの線を見てください。時間とともに、大きく分岐します。

⑦ It is clear from the picture that the system is not effective.

写真から、システムが効果的でないことは明らかです。

データ・図表の見方を説明する

① In this chart, the positioning of each product is plotted.
このチャートには、各製品のポジショニングが描かれています。

② The graph shows the relationship between income and education.
グラフは、所得と教育の関係を示しています。

③ The horizontal axis represents demand while the vertical axis represents supply.
水平軸は需要、垂直軸は供給を表しています。

④ The solid line shows the nominal interest rate and the dotted line shows the real interest rate.
実線は名目金利、点線は実質金利を示します。

⑤ Changes over time are shown in line charts.
時系列変化は、線グラフで示されています。

⑥ These are major categories / components.
これらが主要カテゴリー（構成要素、成分）です。

⑦ On this graph, you will see three colored lines.
このグラフには 3 色の線があります。

⑧ The city is broken into four areas.

市を4つの地域に分けました。

. . . .

⑨ The map is colored by zip / postal code.

地図は郵便番号で色分けしています。

. . . .

⑩ The map is colored to show what is grown in which area.

地図は、どの地域で何を栽培しているかを示すために色分けしました。

. . . .

⑪ You'll see the population in blue and GDP in red.

人口は青で、GDPは赤で示されています。

. . . .

⑫ Table 5 assumes that actual reductions are 50% of the figure projected.

表5は、実際の削減が予測数値の50%であると仮定しています。

🔖 プレゼンhacks

データや図表のほか、イメージスライドを使うこともあるでしょう。しかし、アニメーションやサウンド、その他特殊効果は、ほどほどにしましょう。これらはメッセージを伝えるために有効であれば使うべきです。特殊効果のせいで参加者の気が散って、肝心のメッセージが伝わらないと本末転倒となります。

⑬ The market is broken down by user demographics.

市場をユーザー属性によって分類しました。

⑭ Bond prices and yields move inversely. (Bond prices move inversely to yields.)

債券の価格と利回りは反対に動きます。（債券の価格は利回りとは逆に動きます。）

⑮ The size of the circle indicates the size of the company's annual sales.

円の大きさは、会社の年間売上を示しています。

⑯ There are a few outliers.

外れ値がいくつかあります。

💡tips

⑭ inversely 逆に
⑯ outlier 外れ値、異常値（統計的に他の値から大きくかけ離れた数値）

コラム 図表の呼び名と関連表現

bar chart/graph	棒グラフ
line chart/graph	折れ線グラフ
pie chart/graph	パイチャート、円グラフ （pie chart の方が一般的）
table	表
row	行
column	欄
figure/diagram	図
picture/photo	写真
組織図	organizational chart
フローチャート	flow chart
ツリーチャート	tree chart

1行目	the first row
2列目	the second column
上[下]から3行目	the third row from the top[bottom]
左[右]から5列目	the fifth column from the left[right]
一番上	at top（on topではない）
チャートの一番上	at top of the chart
表の一番下	at the bottom of the table
右上／左下	upper right / lower left
頂点・天井	peak
底	bottom
二番底	double dip
上向き	upward
下向き	downward
上がる	increase, rise
下がる	decrease, decline
急上昇する	jump, surge, spike
急下降する	plunge, plummet
変動（する）	fluctuation (fluctuate)

図表から結果や結論を述べる

パターン
❶

As you can see, prices have sharply increased since 2016.

ご覧のように、価格は、2016 年から急騰しました。

・・・

① As we can see, company sales have steadily grown since its inception.

ご覧のように、会社の売上は創業から着実に伸びています。

・・・

② As shown in the chart, consumer debts did not surge until the 1980s.

チャートに見られるように、消費者負債は 1980 年代まで急増しませんでした。

・・・

③ As analyzed here, the market will not recover any time soon.

ここで分析したように、市場はすぐには回復しないでしょう。

・・・

④ We can see that the new procedure has improved productivity.

新しい手続きによって生産性が向上したことがわかります。

💡tips
・・・
① inception　開始
② surge　急増する

パターン

This suggests that the policy is not effective.

これは方針が効果的でないことを示唆しています。

① The data implies / imply that the system is not statistically significant in reducing defects.

データは、このシステムが欠陥の削減において統計的に有意でないことを示唆しています。

② This graph may answer the question: where should we devote our resources?

このグラフが質問に答えてくれるかもしれません――どこに各種資源をあてるべきでしょうか?

Ｅxtra フレーズ

① A consequence of such a measure is obvious in this chart.

そのような措置の結果は、このチャートから明らかです。

② When this is matched with the information gathered, it becomes clear that the income correlates with the educational level.

収集した情報とこのことを合わせてみると、所得は学歴と相関関係があることがはっきりします。

💡 tips

② correlate with ... …と相関関係を持つ

配布資料に触れる

① All the graphs are included in the handout.

グラフはすべて配布資料に含まれています。

② The diagram is on page 7 of your handout.

図は、配布資料の7ページ目にあります。

③ The test procedure is detailed in the handout.

テスト手順の詳細は配布資料にあります。

④ The charts are attached in the appendix.

各チャートは付録に添付しています。

⑤ The handout contains extra graphs.

追加のグラフは配布資料に含まれています。

⑥ The figures might be hard to see on your handout.

数字は、配布資料では見づらいかもしれません。

⑦ It should be in your packet.

皆さまの手元資料にあるはずですが。

比較する

比較の目的を示す

① The table compares the performance of the two products.

表は両製品の性能を比較したものです。

② Sample A, B and C were compared for strength. Then superiority was determined.

サンプル A、B、C の強度を比較しました。そして、優位性を見極めました。

③ The purpose was to compare the performance of the two products.

両製品の性能を比較することが目的でした。

④ The objective was to compare PD100 with TS200 in performance, durability and stability.

PD100 と TS200 の性能、耐久性、安定性を比較することが目的でした。

📖 プレゼンhacks

比較の目的を明確にすることで、結論に導きやすくなります。

① Compared with last year, sales are up 20%.

昨年に比べ、売上は 20%上昇しました。

② Comparing the two, Product A tends to show higher performance.

両製品を比較したところ、製品 A の方が、性能が高いようです。

③ 234S performs better than 431T.

234S の方が 431T より性能が優れています。

④ Clearly, Product A is superior to Product B.

明らかに、製品 A は製品 B より優れています。

⑤ The behavior of Product A compares favorably to [that of] Product B.

製品 A の動作は、製品 B より優れています。

⑥ Overall, 920 performs better, especially on faster machines.

全体的に、920 の方が性能において優れており、とくに速度の速いマシンでは優れています。

⑦ When this is matched against the experimental data, we can conclude that this material is superior.

これを実験データと比較すると、この材料の方が優れていると結論づけられます。

⑧ Its failure rate is 2% lower than the other two.

失敗率は、他の2製品より2%低いです。

⑨ Our competitor's product provides slightly better soil resistance on nylon.

競合品の方が、ナイロンでの防汚性が少し高いです。

よくない結果

① Product C did not perform very well.

製品Cの性能はあまりよくありません。

② Product B pales in comparison with their next-generation BX.

製品Bは、同社の次世代BXに比べ見劣りします。

③ The new steel exhibits better corrosion resistance compared to conventional steel, but less than epoxy-coated bars.

新しい鉄は、既存の鉄よりも防腐性が優れていますが、エポキシ塗布鋼棒には劣ります。

④ This contrasts with the popularity of Product A.

これは、製品Aの人気とは対照的です。

 tips

③ corrosion resistance 防腐性

① The disparity between the two products is significant / insignificant.

両製品間には、重大な相違があります／大した相違はありません。

② The contrast is very clear / stark / stunning / astounding.

非常に顕著な（驚くほどの）違いがあります。

③ Subtle differences were detected between the samples.

サンプル間に、微妙な違いが見られました。

④ When we compared the two samples, we found no difference.

両サンプルを比較したところ、違いはありませんでした。

⑤ No significant difference was found in these areas.

この分野では、大した違いは見られませんでした。

⑥ There is no difference in resolution before and after the modifications.

変更の前後で、解像度に違いは見られませんでした。

⑦ Both samples show the same tendency and there is no significant difference between the two.

どちらのサンプルも同じような傾向を示し、両者の間に大した違いはありません。

同等である

① Product A and B are comparable.

製品 A と製品 B は同等です。

② As for hardness, the two products are comparable.

硬度に関しては、両製品は同等です。

③ The performance of Product A is comparable to that of Product B.

製品 A の性能は、製品 B の性能と同等です。

④ The samples looked comparable in appearance.

サンプルの外観は同等でした。

⑤ The samples showed comparable initial performance.

サンプルは、同等の初期性能を示しました。

⑥ The samples showed the same level of tensile strength.

サンプルは、同程度の引っ張り強度を示しました。

⑦ The performance of Product A matches that of Product B.

製品 A の性能は製品 B に匹敵するものです。

💡 tips

①②③④⑤ comparable 同等な、匹敵する、相当する

例を挙げる／たとえる

例を挙げる

① Here's an example.
例を挙げましょう。

② I'll give you a good example.
いい例があります。

③ This is an excellent example.
すばらしい例があります。

④ Let me give you another example.
もう一つ例を挙げましょう。

⑤ Let me see if I can come up with an example.
例を挙げられると思います。

たとえる

① Here is an analogy.
たとえると、こうなります。

② A good analogy is the American tradition of celebrating Thanksgiving.
たとえると、感謝祭を祝うアメリカの伝統でしょうか。

③ It's like getting a root canal.
根管治療のようなものです。

④ Have you ever had a blackout while taking a shower? It's almost like that.
シャワーを浴びている間に停電にあったことはありますか？そんな感じです。

⑤ It's as bad as a neighbor dispute.
近所の争いごとと同じくらい最悪です。

参加者に呼びかけ

⑥ Think about skydiving.
スカイダイビングを考えてみてください。

⑦ Imagine you're adrift in a boat and end up on a deserted island.
ボートで漂流して、無人島にたどり着いたと想像してみてください。

⑧ Though this is not a perfect analogy, think of the wing of an airplane.
これはぴったりのたとえではありませんが、飛行機の翼を考えてみてください。

📕 プレゼンhacks

　日本では、「参加者が講師に教えていただく」といった姿勢が主流ですが、アメリカの場合、参加者と講師は対等な関係で、聴衆参加型が好まれます。参加者に質問をしてもいいですし、意見を尋ねてもいいでしょう。

理由・根拠を述べる

定番フレーズ

① For this reason, we rely on focus groups for market research.

このため、市場調査にはフォーカスグループ（座談会）を利用します。

② The reason [for the delay] is that we are seriously understaffed.

（遅れの）理由は、極度の人員不足です。

③ We can't continue for two reasons. First, the costs have risen. Second, we have a manpower shortage.

2つの理由で続けることができません。第一にコストが上昇し、第二に人材不足だからです。

④ This is because the price decline is attributed to oversupply.

これは、価格下落が供給過多によるものだからです。

⑤ The reason we did this is to get an idea of how consumers will react.

こうしたのは、消費者がどのように反応するかを見るためでした。

⑥ It was due to budget cuts.

それは、予算カットによるものです。

Ⓔxtra フレーズ

① The reason was not so much the equipment malfunction, but mishandling of it.
原因は、機器の不調というより、取り扱いミスでした。

② This explains why the government started quantitative easing.
なぜ政府が量的緩和を始めたか、これでわかります。

③ Overseas prices in particular are one of the factors upsetting the Southeast Asian market.
とくに海外の価格が、東南アジア市場を混乱させている要因の一つです。

④ These measures were necessary because of the economic slowdown.
経済低迷のため、これらの措置が必要でした。

⑤ The incentives were necessary to keep the talent from leaving the company.
優秀な人材が辞めないよう、これらのインセンティブ（特別報酬）が必要だったのです。

⑥ The price of PGI will further decline owing to aggressive sales by competitors.
PGIの価格は、競合他社の積極的な営業により、さらに下落するでしょう。

強調する

パターン
❶

I'd like to emphasize / stress this point.
この点を強調したいと思います。

① I can't emphasize / stress enough the importance of cost tracking.
費用トラッキングは、実に重要なのです。

② Most importantly, I want to emphasize / stress that we will continue to operate our business as usual.
最も重要なことですが、当社は通常どおり事業を続けるということを強調したいと思います。

③ Let me repeat that you should never use your birthday for your password.
誕生日をパスワードに絶対に使うべきではないと、今一度、お伝えします。

④ I'm going to say this again because I don't want you to forget.
忘れてほしくないので、もう一度、言います。

💡tips

① can't ... enough …しすぎるということはない

パターン
❷

This is a key point.
これが大事な点です。

① This is the most important thing / point.
これが一番大事なこと（点）です。

② This is most critical to the success of the project.
プロジェクトの成功には、これがもっとも肝要です。

③ The key issue is the budget constraint.
鍵となる問題は、予算の制約です。

④ This is the essence of this presentation.
これが、このプレゼンの要です。

⑤ The next slide will highlight the importance of the project.
次のスライドで、プロジェクトの重要性を示します。

⑥ The point I want to make is that the way we have been operating doesn't work any longer.
申し上げたいのは、今までのやり方はもう通じないということです。

⑦ Our point is that the current supply isn't sufficient to capture another major account.
申し上げたいのは、現在の供給レベルでは、新たに主要顧客を獲得するには十分でないということです。

① Let me remind you that this happened in 2003, 20 years ago.

念を押しておきますが、これは、2003 年、20 年前に起こったのです。

② I'd like to point out that this wasn't an exception.

これは例外ではなかったことを申し上げたいと思います。

③ I'd like to reiterate that this could make or break the deal.

これが、勝負の分かれ目であることを繰り返しておきたいと思います。

④ It is important to believe, as I do, that by working together we can navigate this period.

私が信じるように、力を合わせてこの期間を乗り切れると信じることが大事です。

⑤ If you forget everything else you learn today, remember this one thing.

今日学んだことを他はすべて忘れたとしても、この一点だけは覚えていてください。

⑥ Even if you forget everything else, please remember these three essentials.

たとえ他はすべて忘れたとしても、この 3 つの主要点は覚えていてください。

⑦ The moral of the story is that you should never give up.

この話の教訓は、絶対あきらめるべきではないということです。

⑧ What's interesting in this process is that A turns into B.

このプロセスで面白いのは、A が B に変わるところです。

⑨ We're not talking about just today, but years to come.

今日だけの話ではなく、この先、何年ものことです。

⑩ Do you remember I said a small mistake can be costly? Here's an example.

小さなミスが高くつくときがあると言ったのを覚えていますか？ その例です。

📖 プレゼンhacks

　英語に自信がないと、ぼそぼそと早口になりがちですが、聞き取れず、参加者から「聞こえない」などと言われれば、余計パニックになり、頭が真っ白になるかもしれません。英語の発音などを心配するよりも、大きな声でゆっくりと話すことを心がけましょう。

自分の意見を主張する

🗨 定番フレーズ

パターン
1

Here's what I think.
私は、こう思います。

① Here is how we stand.
われわれは、こう考えます。

② This is my take on it.
それに関する私の見解はこうです。

③ This is our position.
これが、われわれの見解です。

④ This is the new reality.
これが、新たな現実なのです。

⑤ It's just my opinion.
私の意見ですがね。

⑥ Let me tell you what I think.
私は、こう思います。

⑦ Let me share my thoughts on that.
それに関する私の考えを言いましょう。

パターン ②

I'm positive about it.
本当にそうです。

① I'm pretty sure about it.
そのはずです。

② I'm positive that this is not the first time it happened.
それが起こったのは、今回が初めてではないことは確実です。

③ I'm certain that the current situation won't continue.
今の状況が続くはずはないと確信しています。

④ I'm convinced that this is the best approach.
これがベストの方法だと確信しています。

⑤ We take the position that this does not violate company policy.
これは、会社の方針に反するものではないと考えます。

⑥ We believe the structure is a valuable asset to the company and that there are strong reasons to preserve it.
この構造は、当社にとって貴重な資産であり、維持するべき確固とした理由がいくつかあると信じています。

Extra フレーズ

① **Our position is very simple.**
われわれの考えるところは実に簡単です。

② **The ethical thing to do is not to participate in it.**
道徳的には、それに参加すべきではありません。

③ **Nothing is wrong with that, but some people tend to overdo it.**
間違ったことではないのですが、やりすぎる人がいますね。

④ **No question about it.**
疑問の余地なし。

⑤ **There is no doubt that these efforts will help the bottom line.**
こうした努力が収益に寄与することは間違いありません。

プレゼンhacks

　下を向いて原稿を読み上げるのではなく、参加者の方を見て、アイコンタクトを保ちながら話しましょう。

　参加者は、すべての角度から講師をチェックしています。アイコンタクトを通じ、聞き手とポジティブにつながることが、プレゼンの成功をも左右するといえます。緊張してしまった場合、参加者の中で腕組みをしてしかめっ面をしている人を見るよりも、ほほ笑んでうなずいてくれている人を見る方が、自分のしゃべることを受け入れてもらえているという自信につながります。

Unit 19 🔊 Track 19

問題点・改善点を述べる

定番フレーズ

パターン
❶

Our biggest concern is the time constraint.

一番の懸念は時間の制約です。

---

① The problem is we don't have enough people.

問題は、人員が十分でないことです。

---

② The first thing we need to work on is how we treat customers.

真っ先に取り組まなければならいのは、顧客対応です。

---

③ The biggest challenge we're facing now is how to transform our business in the globalized economy.

今、直面している最大の問題は、グローバル化した経済で当社事業を、どのように転換するかです。

---

④ One area we need to do better with is time management.

改善すべき分野は、時間管理です。

⑤ Two challenges we need to tackle this year are debt reduction and inventory reduction.

今年、取り組まなければならない課題 2 つは、負債削減と在庫削減です。

---

⑥ What we need to resolve immediately is high turnover of service staff.

すぐに解決しなければならないのは、サービス部員の高離職率です。

There are many obstacles.

障害がたくさんあります。

---

① These are the issues we need to address.

これらが、対応すべき問題です。

---

② These are challenging times that call for difficult decisions.

難しい決断が求められる大変な時期です。

---

③ These are unsettling times for everyone in the financial industry.

金融業界の誰もにとって大変な時期です。

Ｅxtra フレーズ

① We need to improve the turnaround time on our monthly reports.

月間報告書作成にかかる時間を改善する必要があります。

② These areas need improvement. Best Voice will not be successful in Japan as is.

これらの分野で改善が必要です。ベストボイスは、今のままでは日本では成功しないでしょう。

③ This past week has been a challenging one for Best Technology and its customers.

ベストテクノロジー社とそのお客さまにとって、大変な1週間でした。

④ Our strategy needs to change now that the market is mature.

市場が成熟した今、われわれは戦略を変える必要があります。

⑤ It has been a difficult year for our industry and Best Bank.

今年は、当業界、そしてベストバンクにとって大変な年です。

⑥ All of you know that none of this is easy and that many of our fellow workers have left Best Corporation recently.

皆さんご存じのように、一様に困難を極め、最近、同僚の多くがベストコーポレーションを去りました。

① We had 10 incidents last month alone.

先月だけでも、10件起こりました。

② We find that only 15% of customers use FAQ on our site.

当サイトでFAQを利用するお客さまは、15%のみです。

③ During the last year, we have seen a marked increase, about 20%, in the number of rejects due to poor quality or errors.

昨年、品質不良やミスによる不合格品数が20%ほど著しく増加しました。

④ Unfortunately, as we complete our 2024 Budget Plan, prospects for a turnaround in these critical areas are not evident.

残念ながら、2024年の予算計画を終えるにあたり、これらの大事な分野における改善の見込みははっきりしていません。

 tips

② FAQ（Frequently Asked Questions） よくある質問とその回答集

問題点を調べた

① We completed identifying the process and cause for the occurrence of the problem.

問題発生のプロセスと原因究明を終えました。

② I've been keeping records to try to determine why this occurred and have pinpointed the problem.

なぜこうした現象が起きているのか原因を探るために記録をつけてきたのですが、問題を突き止めました。

③ The issues were carefully examined and no wrongdoing was found.

問題を慎重に調べ、不正はなかったことがわかりました。

コラム problem, challenge, issue

「問題 = problem」と覚えている日本人が多いですが、problem よりも、challenge の方がポジティブで、issue の方がやわらかいニュアンスを持っています。issue は problem（問題）とは限らず、少なくとも problem にまだなっていない状態といえます。

また、issue の方が problem より主観的でもあり、機械が壊れたら problem ですが、それをどのように直すかで揉めた場合に、"That's an issue." といいます。

提案①
具体的に提案する

 定番フレーズ

パターン
①

Now I'd like to make some suggestions on how to improve the situation.

状況を改善するのに、いくつか提案があります。

― ― ― ― ― ― ― ― ― ― ― ― ― ― ― ― ―

① We have a good plan for managing through this complex challenge.

この複雑な問題を切り抜けるために、よい案があります。

― ― ― ― ― ― ― ― ― ― ― ― ― ― ― ― ―

② I would recommend that a brief description of each member's profile be added.

各会員の簡単なプロフィールを加えることを提案します。

― ― ― ― ― ― ― ― ― ― ― ― ― ― ― ― ―

③ We have some options.

選択肢がいくつあります。

― ― ― ― ― ― ― ― ― ― ― ― ― ― ― ― ―

④ Here's my proposal on how to reduce the rate of returns.

返品率削減方法に関する提案です。

― ― ― ― ― ― ― ― ― ― ― ― ― ― ― ― ―

⑤ Here's the alternative.

代替案があります。

パターン
❷

Our proposal is that these options should be available to a wider range of employees.

われわれの提案は、こうした選択肢が、さらに多くの社員に与えられるべきというものです。

- - - - - - - - - -

① The best solution is to organize a cross-sectional team.

最善策は、部門横断チームを編成することです。

- - - - - - - - - -

② My solution is to allocate a modest investment for an internal training program.

私の解決策は、社内研修プログラムに、ささやかな投資をするというものです。

- - - - - - - - - -

③ The best way to increase software quality is to have developers test as they go.

ソフトの品質を向上させる一番の方法は、開発者が開発しながらテストすることです。

- - - - - - - - - -

④ One way to solve the problem is to relax the criteria.

問題解決の一案に、基準を緩和する方法があります。

- - - - - - - - - -

⑤ My recommendation is to increase the marketing budget.

マーケティング予算を増やすことを推奨します。

⑥ My suggestion is that we change the allocation of resources.

リソースの配分を変えることを提案します。

⑦ My new idea for the workshop is to have break-out sessions.

ワークショップに関する新たなアイデアとして、分会を設けるのはどうでしょうか。

⑧ Our options are either to comply with the new regulations or to discontinue the product.

選択肢は、新規定を遵守するか、製品を廃止するかです。

⑨ The best alternative is to buy used equipment.

最善の代替案は、中古機器を買うことです。

Ⓔxtra フレーズ

① During the analysis of the survey results, I found that the survey can be improved in many ways.

アンケート調査結果の分析時に、この調査は多くの点で改善できると気づきました。

② While reinforcing our direct sales force, we must develop new applications.

直接営業に力を入れるとともに、新しいアプリケーションを開発する必要があります。

③ An annual survey can be supplemented with a brief survey or comment sheet as suggested earlier.

先に提案したように、年次アンケート調査は、簡単な調査または コメントシートで補うこともできます。

④ We need to reorganize several areas of Best3D's design to better streamline our programming efforts.

プログラミングをより効率化するために、ベスト 3D のデザイン のいくつかの部分を再編成する必要があります。

⑤ We should focus on the Chinese market.

中国市場に集中すべきです。

⑥ We have no choice but to lower the price.

価格を下げるより他ありません。

コラム ボディランゲージ

　非言語コミュニケーションは言葉自体よりも大事だと言われますが、プレゼンでも同様です。プレゼンの内容や参加者にもよりますが、話している間も、演台の後ろにずっと立っているのではなく、左右に動き回るといいでしょう。参加者の集中力が落ちてきたと感じたら、部屋の後方まで歩いていって関心を促すこともできます。

提案②
効果を述べ、売り込む

▌具体的な効果を述べる

① This will decrease defects by 30%.
これによって欠陥が 30%削減されます。

② The tool will cut the lead time by a week.
このツールによって、リードタイムが 1 週間カットできます。

③ Implementation of this plan will reduce operations cost by 25%.
この計画を実施すれば、運営経費を 25%削減できます。

④ Standardizing the procedure will improve productivity by 40%.
手続きを標準化することによって、生産性が 40% 上がるでしょう。

⑤ This change will improve customer satisfaction.
この変更によって、顧客満足度が上がるでしょう。

⑥ The revision will avoid customer confusion.
改定すれば、お客さまは混乱されないと思います。

💡tips

② lead time　リードタイム、発注から納品までにかかる時間

売り込む

① **This is a great opportunity to increase our market share.**
市場シェアを拡大するすばらしい機会です。

② **This will be a perfect opportunity to demonstrate our ability.**
当社の能力を示すのに最適な機会です。

③ **This is a difficult situation, but I'm confident that my proposal will help turn it around.**
難しい状況ですが、私の提案が状況を好転させると信じています。

④ **I'm positive the investment will pay off in terms of better quality, fewer rejected production runs and even improved morale.**
投資は品質向上、不良品の削減、さらには士気の向上という形で元がとれると確信しています。

⑤ **We must act now.**
今、行動しなければ（手を打たなければ）なりません。

⑥ **It's imperative that we correct the problem immediately.**
今すぐ問題を解決することが緊要です。

💡**tips**

⑥ imperative 必須の

101

間をつなぐ①
トピックの整理や言い直し

トピックを変える

定番フレーズ

I'm gonna talk for a minute about the general techniques.
一般的な技法について、少しお話しします。

① Let's look at it from a different angle / perspective / point of view.
違った角度からそれを見てみましょう。

② Now, I'm gonna give you information on how to search public records.
では、公記録の調査の仕方について説明します。

③ The last category I'm gonna talk about is the measurement of efficiency.
最後にお話しする分野は、効率の測定についてです。

Extra フレーズ

Another ethical issue is how to deal with a conflict of interest.
もう一つ、倫理的問題には、利害の衝突をどう扱うかがあります。

トピックには後で触れる

定番フレーズ

I'll touch on that later.
それについては、後で触れます。

① I'll touch on why in a moment.
なぜかは、もうすぐ触れます。

② We can discuss that later.
それは後で話しましょう。

③ I'm not gonna go into details now.
ここでは、詳しくは話しません。

Extra フレーズ

① We'll talk about that when the time comes.
それについては、相応の時点で話します。

② We're gonna go through this quickly because everyone understands the concept.
このコンセプトは、皆さんおわかりなので、手短に済ませます。

③ We can talk about that later. Let's focus on the validity of data now.
それについてはのちほど話しましょう。今はデータの有効性に絞りましょう。

定番フレーズ

Let me backtrack here.
後戻りしましょう。

① Let me take a few steps back.
ちょっと後戻りしましょう。

② Let me get back on topic here.
主題に戻りましょう。

③ Let's get back to our original question.
最初の質問に戻りましょう。

④ Let's go back to the issue of accountability.
説明責任の話に戻りましょう。

⑤ I think I forgot to cover the patent.
特許についてお話しするのを忘れたようです。

Extra フレーズ

① Oh, I forgot to mention the cost.
あ、費用について触れるのを忘れました。

② I need to add this point that I left out earlier.
先に言い忘れたこの点を付け加えます。

③ We've gotten a little off track here. We need to get back on track.
ちょっと脱線してしまいました。元に戻りましょう。

言い換える／言い直す／訂正する

定番フレーズ

Let me rephrase that.

言い直させてください。

① Let me put it a little differently.

言い換えます。

② In other words, we need to be more proactive.

言い換えると、もっと積極的になる必要があるということです。

③ Sorry, I meant to say "annually" not "monthly."

すみません、「月間」ではなく「年間」と言うつもりでした。

④ I'm sorry I didn't mean to say "monthly."

すみません、「月間」というつもりはありませんでした。

⑤ Sorry, actually what I meant to say was "annually."

すみません、「年間」と言うつもりだったんです。

Extra フレーズ

① Oops.

おっと／しまった。

② That is a typo. It should be "semi-annual."

これはタイプミスです。「半年ごと」であるべきです。

Introduction 導入

Body 本編

Conclusion 結論

Q&A 質疑応答

実践表現

間をつなぐ②
度忘れや聞きもらし

度忘れした

定番フレーズ

It slipped my mind.
度忘れしました。

. . . .

① What do you call that?
あれはなんて言うんでしたっけ？

. . . .

② I lost my train of thought.
考えていたことを忘れてしまいました。

Extra フレーズ

① What was it I was going to say here?
言おうとしたのは何でしたっけ？

. . . .

② Okay, now, where was I?
はい、では、何の話をしていましたっけ？

. . . .

③ Sorry, it was on the tip of my tongue, but it's left me for the moment. If it comes to me, I'll be sure to share it before you leave.
すみません、今、喉まで出かかっていたことがあるのですが、度忘れしました。思い出したら、終了する前にお話しします。

相手の言ったことを聞き返す

定番フレーズ

Could you say that again?

もう一度言ってもらえますか?

① I didn't understand what you said. Could you repeat it?

なんとおっしゃったのかわかりませんでした。繰り返していただけますか?

② I'm sorry I didn't quite understand what you said. Could you repeat?

すみません。おっしゃったことがよくわかりませんでした。繰り返していただけますか?

Extra フレーズ

① Excuse me?

なんとおっしゃいましたか?

② I beg your pardon?

なんとおっしゃいましたか?

③ I'm sorry I couldn't hear you well. What did you say?

すみません、よく聞こえませんでした。なんとおっしゃいましたか?

④ I'm sorry, I didn't catch that. Would you mind repeating?

すみませんが、聞き逃しました。もう一度おっしゃっていただけますか?

参加者に問いかける

関心度を確認

① Let me ask you a few questions.
2、3 質問させてください。

② Have you heard of this story?
この話をお聞きになったことはありますか？

③ Have you ever been in that situation?
そんな状況を経験された方はいらっしゃいますか？

④ How many of you are aware that the law changed earlier this year?
今年初めに、法律が変わったことをご存じの方、何人いらっしゃいますか？

⑤ How many of you have done that?
それをされたことある方、何人いらっしゃいますか？

⑥ How many of you are interested in that topic?
このトピックに興味がおありの方、何人いらっしゃいますか？

📖 プレゼンhacks

　日本では、講師が一方的に話をするという一方通行型が多いですが、欧米では視聴者参加の双方向型が好まれます。インタラクティブにプレゼンを進めるには、参加者に質問をしたり、意見を求めたりするといいでしょう。

■ 意見を聞く

① **Does everyone agree?**
皆さん、賛成ですか？

② **Any objections?**
異議のある方？

③ **Does anyone have any ideas?**
何か思いつかれる方？

④ **Any idea how to solve this problem?**
この問題を解決する方法を、何か思いつきますか？

⑤ **Do you have any idea how to change the system?**
システムを変える方法を何か思いつきますか？

⑥ **What would make the procedure better?**
どうすれば手続きを改善できますか？

⑦ **How would you change the process?**
プロセスをどのように変えますか？

📖 プレゼンhacks

　このような問いかけは、参加者の関心を高めるためのものですので、実際に参加者が答えを知っているかどうか、何人くらいが手を上げるかは、重要ではありません。また、質問をした際には、挙手してもらうのが一般的ですが、中には、まず全員を立たせて、「○○の人は着席してください（Please sit down if you have ...)」という手法を取る人もいます。

⑧ Where / How could we make improvements in the design?
どうすれば設計（デザイン）を改善できるでしょうか？

⑨ What do we need to do to make this happen?
どうすれば、これを実現できるのでしょうか？

⑩ Suppose the decision were up to you, what would you do?
あなたに決定権があるとしたら、どのようにしますか？

参加者の一人とやりとりする

① What is your name? John?
お名前は？　ジョン？

② Okay, John, say you're the leader of this project.
じゃ、ジョン、あなたが、このプロジェクトのリーダーだとしましょう。

③ That's a good question.
いい質問ですね。

④ I'll be answering your question in a minute.
ご質問には、すぐにお答えします。

⑤ I'll be getting to that point in just a minute.
その点には、もうすぐ触れます。

⑥ I'll address that a little later.
それについては、少し後で触れます。

⑦ I plan to cover that topic later in my presentation.
それについては、後ほどプレゼンで取り上げるつもりです。

⑧ Where are we now?
〈質問〉今、どこですか？　どの話ですか？

⑨ It's the second page of your handout.
〈回答〉配布資料の2ページ目です。

⑩ Can you go back to the previous slide?
〈依頼〉前のスライドに戻ってもらえますか？

⑪ Sure. / No problem.
(Of course. / Certainly.)
〈回答〉もちろん（もちろんです）。

💡tips

①② ファーストネームで呼ぶか、ラストネームで呼ぶかですが、名前を聞いた際に、相手が答えた通りに呼ぶようにしましょう。会議やセミナーなどでは、名札をつける場合が多いですが、たいていファーストネームです。

参加者の理解度を確認する

「質問はありますか？」

① Do you have any questions?
ご質問はありますか？

② Any questions about this method /
approach / procedure?
この方法についてご質問はありますか？

③ Any questions before we move on?
進む前にご質問はありますか？

④ Any questions or comments so far?
今のところ、ご質問やコメントはありますか？

⑤ If you have any questions, just raise your
hand.
ご質問があれば、手を上げてください。

⑥ I realize I have blazed through the
material and it might have been
somewhat confusing. Do you have
questions?
駆け足で来ましたので、わかりにくい部分もあったかもしれません。ご質問はありますか？

「わかりますか?」

① Make sense?
わかりますか?　意味を成しますか?

② Is that clear?
わかりますか?

③ Is everything good so far?
今のところ、問題ありませんか?

④ So far so good?
今のところ、いいですか?

⑤ Does that make sense to you?
それで意味を成しますか?

⑥ Does everyone follow?
皆さん、おわかりですか?

⑦ You follow?
わかりますか?

⑧ Are you following me?
おわかりですか?

⑨ [Does] Everyone understand[s] so far?
今のところ、皆さん、おわかりですか?

⑩ **Do you understand what I mean?**
私の言いたいことがおわかりですか?

⑪ **I hope I'm not losing you on this.**
これに関し、おわかりいただいていればいいのですが。

❶xtra フレーズ

① **Is everyone awake?**
皆さん、起きていますか?

② **Do we need a break?**
休憩した方がいいですか?

③ **Do we need to stretch?**
伸びをした方がいいですか?

📕 **プレゼンhacks**
　参加者の反応がよくつかめない場合、内容を理解しているかどうかを確認してもよいでしょう。参加者の気分転換を促し、リラックスさせる効果も期待できます。

時間配分を調整する

時間を確認する

① **How are we doing time wise?**
時間的にはどうですか？

② **We're behind schedule. Unless you need a restroom break, I'd like to go on.**
遅れていますので、トイレ休憩が必要でなければ、このまま続けたいと思います。

③ **I'm gonna have to speed through the next section.**
次のセクションは、駆け足でいかなければなりません。

④ **We're running out of time. I'll have to skip the next section.**
時間が足りません。次のセクションは飛ばさないといけません。

⑤ **I'm gonna hit the highlights from this point on.**
今からは、主要点だけを説明します。

💡**tips**

① time wise 「時間的に、時間の観点から見て」という意味です。この wise の使い方はインフォーマルな印象を与えます。

⑤ hit the highlight(s) 最重要点に焦点を当てる

休憩を促す

① **Let's take 10.**
10 分休憩しましょう。

② **Why don't we take a 15-minute break?**
15 分休憩を取りましょうか。

③ **We'll take a short break for the restroom / coffee.**
お手洗い (コーヒー) に、ちょっと休憩を取りましょう。

④ **Ok, it's past noon now. We'll go to lunch.**
ええと、正午を過ぎましたね。昼食にしましょう。

⑤ **Let's resume at 1:30.**
1 時半に再開しましょう。

⑥ **I'm gonna take a moment to catch my breath.**
一息入れます。

⑦ **Excuse me, I need a little water.**
すみません、水を飲みたいので。

💡 **tips**

① 10 = 10-minute break の口語
⑦ 声がかれて、水を飲んだりするときの表現です。

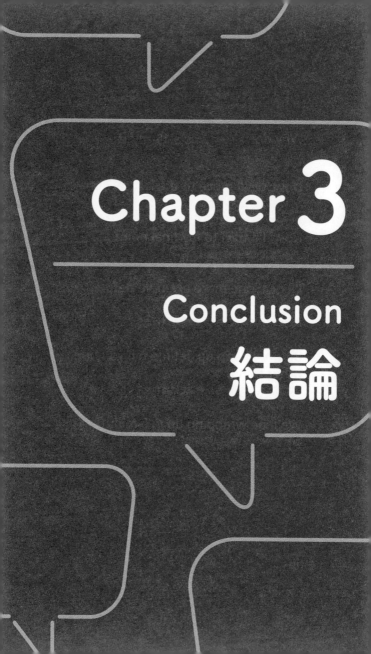

Chapter 3

Conclusion

結論

プレゼンの終わりを知らせる

定番フレーズ

① Now, we'll move to the last section.
では、最後のセクションに進みます。

② Now, I'll turn to my final point.
では、最後の点に移ります。

③ I'll give one more example before I wrap up.
まとめに入る前に、もう一つ例を挙げましょう。

④ Before I wrap up, let me tell you one other thing.
まとめに入る前に、もう一つだけ言わせてください。

⑤ We'll be wrapping up in 5 minutes.
あと5分でまとめに入ります。

tips

③④⑤ wrap up　まとめる、締めくくる

Extra フレーズ

① What I want to touch on last (before I finish) is logistics.

最後に触れたいのはロジスティックスについてです。

② Finally, I'm going to address what I see as the biggest risk for the future.

最後に、将来への最大のリスクについて触れたいと思います。

③ We need to get out of here at 5 pm, so I'll have to speed through the last section.

5 時に退室しなければなりませんので、最後のセクションは駆け足で進めなければなりません。

プレゼン hacks

　プレゼンの最後は聴衆の集中力も薄れてきていますので、簡潔でインパクトのあるものにしましょう。

　聴衆も、終わりの時間が近づいてくると「いつ終わるのか」と気になりますし、唐突に終わるよりも、「もうすぐ終わります」というサインを出した方がいいでしょう。

まとめて結論を述べる

セクションのまとめ

定番フレーズ

① Ok, so we covered the basics.
これで、基本をカバーしましたね。

② We just talked about our company history.
今、当社の沿革をお話ししました。

③ Let's recap what we've done so far.
今までに取り上げたことをまとめましょう。

④ Let's go over what we've covered this morning.
今朝、取り上げたことを復習しましょう。

 tips

③ recap（= recapitulate）…を要約する、…の要点を繰り返す

Ⓔxtra フレーズ

① This concludes our review of the financials. Now let's look at the projections.

財務報告は、これで終わります。次に、予測に入ります。

② Before we move on to the research results, let's recap what we just learned about the market segments.

調査結果に進む前に、市場セグメントについて、今、学んだことをまとめましょう。

③ Before I move on to the next session, let me touch on the issue of liquidity.

次のセッションに進む前に、流動性の問題について触れておきましょう。

④ As we move on to the outlook, you will see the challenges we're facing.

次の見通しの話で、われわれの直面している課題が見えてきます。

💡tips

③ liquidity （資金の）流動性、換金性

■ プレゼン全体のまとめ

まとめの導入

① Now, let me summarize.
では、まとめに入ります。

② Let's recap what we've learned today.
今日、学んだことをまとめましょう。

③ Let's wrap up.
まとめに入りましょう。

④ Now, let's go over what we've discovered this afternoon.
では、今日の午後、学んだことをおさらいしましょう。

⑤ Now, I want to pull my main points together for you.
では、主要点をまとめたいと思います。

⑥ Let me review the key points we've discussed this morning.
今朝話した内容の主要点を復習します。

まとめる

⑦ What we learned this afternoon is no reorganization is needed.
この午後学んだことは、再編成は必要ないということです。

⑧ To summarize, we have looked at the three most viable options.
まとめますが、3つの最も実行可能な選択肢を見てきました。

⑨ Our objective today was to identify the causes for the decline in productivity, and we found several.

私たちの今日の目的は、生産性低下の原因を突き止めることで、いくつかを挙げました。

⑩ So, to recap the main points of our discussion, the demand is strong, the supply isn't sufficient, and we need your support.

今までの話の主要点をまとめると、需要は好調で、供給は十分でなく、御社（貴部署）のサポートが必要です。

テーマの再確認

⑪ I promised you when we started, you'd learn about the pros and cons of the investment.

開始時に、この投資の長所と短所を学んでいただくとお約束しました。

⑫ When we started, I said that today you would learn about cash flow.

開始時に、今日はキャッシュフローについて学んでいただくと申し上げました。

⑬ To return to where we began, why do we need to change the way we do business?

最初に戻りますが、なぜわれわれは、ビジネス（事業）のやり方を変えなければならないのでしょうか？

結論を述べる

① As a result, we recommend the two-component approach.

結果として、二成分の方を推薦します。

② Based on these results, PDC has satisfactory performance.

これらの結果では、PDCの性能は、満足のいくものです。

③ The results show that CDP is a better product.

CDPの方が優れた製品であるという結果です。

④ Our conclusion is that there is no difference between C169 and C150 in initial performance.

初期性能では、C169とC150には違いがないというのが結論です。

⑤ Thus, we conclude that there is no significant difference between C150 and C169.

このように、C150とC169の間には、大した違いはないというのが結論です。

⑥ In conclusion, DP314 has the durability desired by Best Company, but its stability requires improvement before being commercialized.

結論として、DP314はベストカンパニーが希望する耐久性はあるものの、商品化するまでに、安定性を改善しなければなりません。

コツ 主張・まとめ・結論の表現

主張する

I really must point out that ...
　　　　　…ということだけは申し上げておきたいと思います。

It's important / critical / crucial / vital (for us) to ...
　　　　　（われわれは）…することが重要（肝要）です。

It's imperative (for us) to ...
　　　　　（われわれは）どうしても…しなければなりません。

I cannot stress enough (the importance of ...)
　　　　　（…の重要性）を強調せずにはいられません。

I cannot emphasize enough that ...
　　　　　…ということをいくら強調しても足りません。

Let me reiterate that ...
　　　　　…という点を繰り返させていただきます。

話をまとめる

In summary, ...　　　要約すれば…／まとめると…

To sum up, ... / To summarize, ...
　　　　　要約すれば…

To recap, ...　　　まとめると…

In a nutshell, ...　　　要するに…／つまり…

結論を述べる

So ...　　　だから…／なので…

Thus ...　　　したがって…

Therefore ...　　　それゆえ…

Consequently ...　　　その結果として…／それゆえ…

In conclusion ...　　　結論として…

As a result ...　　　結果として…

Accordingly ...　　　よって…／それゆえに…／結果的に…

For this reason, ...　　　この理由により、…

For these reasons, ...　　　このような理由により、…

We (can) conclude that ...　　　…と結論づけることができます。

It follows that ...　　　…ということになります。

大事な部分を繰り返す

🔳番フレーズ

① Let me reiterate the importance of market preemption.

市場先占の重要性を繰り返させてください。

. . . .

② Let me repeat. When we combine these new approaches, we'll benefit in the following way.

繰り返します。こうした新しい手法を組み合わせると、このような効果があります。

. . . .

③ To restate the major points of our discussion, now is the time to enter the market, and we can't afford to miss the opportunity.

今日の話の主要点を再度述べますが、市場に参入するのは今で、機会を逃すべきではないということです。

. . . .

④ Let me point out one more time that it's art rather than science.

もう一度言わせてください。科学というよりむしろ芸術なのです。

💡tips

. . . .

① preemption 先取り

Extra フレーズ

① If you remember just one thing I've said today, remember this.

今日、私が言ったことで一つだけ記憶していただけるとすれば、これを覚えておいてください。

② Now you can see why this method works.

この方法が効果的である理由がわかりましたね。

③ Now you've seen the features and advantages of BestPro. What do you think?

ベストプロの特徴と長所をご覧いただきました。いかがですか?

④ Now you've seen how beneficial this program is to our associates. Do you agree we should implement it?

当社社員にとって、このプログラムがいかに有益かをご覧いただきました。導入にご賛同いただけますか?

⑤ Our discussion led through analysis and several examples and brought us to the point where we can clearly see that by applying this technique, we'll accomplish the goal.

議論を通して分析およびいくつかの実例を見てきましたが、この技法を採用することによって、目標が達成できることがはっきりしたと思います。

127

承認を求める

定番フレーズ

① I hope you'll approve my proposal.
私の提案を承認していただければと思います。

② Can I have your authorization?
認可していただけますか?

③ May I proceed with my plan?
この計画を進めてよろしいですか?

④ What do you think? Shall I move ahead with the project?
どう思われますか?　プロジェクトを進めましょうか?

⑤ I'd like to start the project by June. May I have your approval?
6月までにプロジェクトを開始したいと思います。ご承認いただけますか?

⑥ I'm requesting your approval today to move forward.
進められるよう、今日、ご承認をお願いします。

⑦ I look forward to receiving your approval.
ご承認いただけますようお願いいたします。

Ｅxtra フレーズ

① With your approval, I'd like to submit a proposal to the committee.

ご承認いただければ、企画書を委員会に提出したいと思います。

② I'll be happy to turn in more information if needed.

必要であれば、喜んでさらに詳細を提出します。

③ I'm asking you today to take a big step, commit 100 million yen to a major improvement in our product design.

今日、大きく一歩前に進んでいただき、製品設計の大幅な改良に1億円を割いていただきたくお願いいたします。

④ The proposed remodel can be completed within a month after approval. What do you think?

提案した改造（改装）は、ご承認後1ヵ月以内に完成できます。どう思われますか？

⑤ Would you fund the study so that we can identify the bottleneck?

ボトルネック（障害）を究明するための調査資金を出していただけませんでしょうか？

⑥ If there is any other information I can provide to help you understand our situation, I'll be happy to.

こちらの状況をわかっていただくために提供できる情報が他にありましたら、喜んで提供します。

行動を促す

定番フレーズ

① I'd like you to work on these action items starting tomorrow.
明日から、これらの行動計画を実践してください。

② When you commit to do this every day, these will be your gains.
毎日、これをすることを誓えば、このようなメリットがあります。

③ Are we in agreement on the schedule?
スケジュールは、これでよろしいですか?

④ Please re-evaluate your department's expenses so we can operate with reduced budgets.
削減予算で運営できるよう、各部の費用を見直してください。

⑤ Can each department implement these right away?
各部署は、すぐにこれらを導入できますか?

⑥ So, folks, go home and start today!
ですから、皆さん、家に帰って、今日から始めましょう!

Ⓔxtra フレーズ

① **Can you support this decision?**
この決定に賛成していだだけますか?

② **Do you have any objections?**
何か異論はありますか?

③ **Is there anything in my proposal you couldn't support?**
私の提案で支持できない点は何かありますか?

④ **Ask yourself what will happen unless you commit to solve this problem.**
この問題を解決する決意をしなければ、どうなるか考えてみてください。

⑤ **I ask you a simple question. How would your bottom line change if you implemented these changes?**
簡単な質問です。こうした変更を導入すると、御社の収益は、どう変わると思われますか?

⑥ **I want you to take this message to heart and put it to work starting tonight.**
このメッセージを真剣に受け止め、今夜から実践してください。

tips

⑤ bottom line　損益計算書の最下行に表示される最終損益

Introduction　導入

Body　本編

Conclusion　結論

Q&A　質疑応答

実践表現

プレゼンを終える

終わりを告げる

定番フレーズ

① This concludes my presentation.
これで私のプレゼンは終わりです。

② Well, I guess that's it.
では、これで終わりです。

③ I'd like to leave you with this thought.
皆さんとは、この一言でお別れしたいと思います。

④ I'd like to end my presentation with a Japanese saying.
プレゼンを日本のことわざで締めくくりたいと思います。

Extra フレーズ

① Before I finish my presentation, let me just say we're at a critical point.
プレゼンを終える前に、われわれは大事な局面にいると言わせてください。

② Just before I close, I'd like to remind you that tomorrow is the first day in the rest of your life.
終わる前に一言申し上げたいのですが、明日は、あなたの残りの人生の第1日目なのです。

③ My final words to you today are let's be proud of the difference we make at Best Corporation.

今日、皆さんに最後に申し上げたいのは、ベストコーポレーションでのわれわれの貢献を誇りに思いましょう、ということです。

④ In closing, I'd like to say a few words about our new program.

最後に、当社の新しいプログラムについて少しお話ししたいと思います。

📖 プレゼンhacks

プレゼンでは、初めと同様に、終わりも肝心です。プレゼンの趣旨が伝わったこと、プレゼンの目的が達成されたことを確認します。内容がどうであれ、最後はポジティブに終わるように心がけましょう。

133

感謝する

① Thank you for your attention.
ご清聴ありがとうございます。

② Thank you for listening.
ご清聴ありがとうございます。

③ Thank you all for joining us today.
皆さん、今日はご参加いただき、ありがとうございました。

④ Thanks for being such a great audience.
ご清聴ありがとう。

① I appreciate your coming today.
本日はお越しいただき感謝します。

② I hope you learned something today.
今日、学んでいただくことがあったことを願います。

③ We hope you've found the presentation informative.
皆さまにとってプレゼンが有益であったことを祈ります。

④ I hope you gained as much as I did.
私と同じくらい、皆さまのためにもなったことを祈ります。

⑤ I hope I answered all your questions.
皆さんのご質問にすべてお答えできているといいのですが。

連絡先を伝える

定番フレーズ

① This is my e-mail address if you have any questions.

ご質問があれば、これが私のメールアドレスです。

② If you have any questions, please just shoot me an e-mail.

質問があれば、メールしてください。

③ My Twitter(X) account is @getglobal.

私のツイッター (X) アカウントは、@getglobal です。

Extra フレーズ

① I'll be happy to answer any questions.

ご質問があれば、何なりとお答えします。

② If you'd like a copy of the presentation, please send me an e-mail.

プレゼンのコピーがご入用でしたら、メールを送ってください。

③ I can send you a copy of the Power Point file if you send an e-mail to this address.

このアドレスにメールを送っていただければ、パワーポイントの ファイルをお送りできます。

💡**tips**

② shoot　send や give に代わる口語表現

❶「原稿を読む＝プレゼン」ではない

うつむいてひたすら原稿を読み、聞き手の方すら見ない、そして、原稿読み上げは、たいてい抑揚のないモノトーン調の棒読み…。イントネーションが違うと、ネイティブには聞き取れないことを体験した人も多いでしょう。英語の発音は日本的でも、単語や文章に抑揚をつけると理解しやすくなります。大げさだと思うくらい抑揚をつけて話すようにしましょう。文章の間や強調したい部分などは、間を置くなどの工夫をしましょう。原稿を読み上げるのではなく、聞き手に話しかけるのです。

❶ 自信ありげに演出する

アメリカでのことですが、ある日本人プレゼンターは内股で、うつむき加減で、はにかみながら小さな声でぼそぼそと話をしていました。まず大きな声で話さないと聞き取れないし、自信なさげなイメージはプロフェッショナルではありません。

私がビジネススクール在学中のことです。クラスメートとプレゼンのリハーサル中、グループの一人が私を指して「彼女のように自信を持ってやらないとね」と言ったのには驚きました。私は、とにかく自分のパートを丸暗記していたのですが、グループで、英語のネイティブでないのは私一人で、当時の私には、それだけでもプレッシャーだったので、まさか自分が他人に自信ありげに映っていたとは夢にも思っていなかったからです。

自信がなくても自信ありげに演出することが必要です。話し手自身が自信を持って話せない内容など、誰も聞きたくないのですから。

Chapter 4

Q&A
質疑応答

質問を受ける

質問を請う

① **Does anyone have a question?**
質問のある人はいますか？

....

② **Any questions?**
ご質問はありますか？

....

③ **I welcome any questions or comments.**
質問またはコメントがありましたら、何なりと。

....

④ **We will be pleased to answer any questions you have on our products.**
当社の製品に関してご質問があれば、喜んでお答えいたします。

....

⑤ **I know I covered a lot of material quickly, and I'm sure you have some questions.**
たくさんのことを駆け足でご説明しましたので、きっとご質問があるかと思います。

📘 **プレゼンhacks**

この項目の表現は、プレゼンの最後でも、プレゼン中でも、どちらでも使えます。（参考：p. 108）

質問者を指す

① The lady in the black.
黒い服の女性。

② The gentleman in the back.
後ろの男性。

③ I thought I saw a hand up over here?
こちらに手を上げている人がいらしたと思ったのですが。

④ Do you have a question?
〈手を上げているのかどうかよくわからない人に〉ご質問ですか?

質問が聞き取れない

① Can you repeat it?
もう一度言ってもらえますか?

② I didn't get / catch that.
聞こえなかったのですが。

③ I'm sorry, I can't hear you very well.
すみません、よく聞こえないのですが。

④ Can we get him a microphone?
あの方にマイクを回してもらえますか?

質問の意図がわからない

① I'm sorry. I don't follow you.
すみません。意味がわかりません。

② I'm not sure what your question is.
ご質問が何か、よくわかりません。

③ What do you mean by "satisfactory"?
「満足いく」というのはどういう意味ですか?

④ I think that's a different issue.
それは別の話だと思いますが。

質問の意図を確認する

① Let me make sure I understand correctly.
私の理解が正しいか確認させてください。

② Let me be sure I understand what you've said.
おっしゃったことを私が理解しているか確認させてください。

③ Let me see if I can restate the question so I can be sure I understand.
理解できているかどうかの確認のために、ご質問を復唱させてください。

④ If I understood correctly, you're asking whether the system is scalable?
確認しますが、システムはスケーラブルかどうかとおっしゃっているのですか?

⑤ Let me clarify that.
その点をもう少しはっきり説明しましょう。

⑥ Is that right?
それで合っていますか?

⑦ Did I get it right?
それで合っていますか?

⑧ Do I understand / hear you correctly?
私の理解で間違いありませんか?

tips

④ scalable 拡大縮小可能な
⑥⑦⑧ 相手の質問を繰り返した後に、このように尋ねるとよいでしょう。

📗 プレゼンhacks

質問者がマイクを使わない場合、他の人たちが聞こえない場合があるので、質問を繰り返すといいでしょう。ただ、質問を一語一句繰り返す必要はなく、とくに質問が長い場合は、意図がわかるように要約しましょう。

質問に答える

Yes / No で端的に答える

① My answer is no.

私の答えは、「いいえ」です。

- - - - - - - - - - - - - - - - - - - -

② Thanks for asking. The answer to that question is yes, it should work.

ご質問ありがとう。その質問への回答は、「はい、うまくいく（効果がある）はずです」。

- - - - - - - - - - - - - - - - - - - -

③ Again, the answer is "It depends."

それも、答えは「時と場合による」です。

具体的に答える

① My general advice is to document everything.

すべて書面で残すことを、通常お勧めしています。

- - - - - - - - - - - - - - - - - - - -

② Typically, you don't want to use AI in a situation like that.

通常、そのような状況で、AI は使わない方がいいでしょう。

- - - - - - - - - - - - - - - - - - - -

③ It's my understanding that you normally have to get a permit for that.

私の理解では、そのような場合、通常、許可を得る必要があります。

④ In my own experience, I have found that to be true only in certain cases.

私の経験では、それは一定の場合のみ、当てはまります。

⑤ Other professionals in the field have experienced the same.

同分野の他の専門家の方々も、同様の体験をしています。

⑥ As we discussed a few minutes ago, it won't be necessary.

数分前にお話ししましたように、それは必要ありません。

⑦ Following on from my comments about the configuration, you don't want to do that.

コンフィギュレーションに関する私のコメントに続くものですが、それはしない方がいいです。

Introduction 導入

Body 本編

Conclusion 結論

Q&A 質疑応答

実践表現

💡tips

⑦ configuration コンフィギュレーション、環境設定

① I hope that answered your question.

これでご質問にお答えできていればいいですが。

② Does that answer your question?

ご質問にお答えできましたか？

③ I won't have time to answer all your questions because of the time constraints. I'll answer one.

時間の制約があるので、あなたのご質問すべてには答えられません。一つだけお答えしましょう。

④ We've already addressed that question.

その質問にはすでに答えましたね。

⑤ We could go back to the financials. We saw the operating margin increasing.

財務に戻りましょうか。営業利益が伸びていますね。

📖 プレゼン hacks

　質問に回答する際は、質問者には恥をかかせないようにしましょう。シャイなのに勇気を振り絞って質問をしている人もいます。たとえ質問がプレゼンですでに話をした内容でも、"I already covered that in my presentation."（すでにプレゼンの中で触れました。）などと、冷たくあしらわないようにしましょう。

すぐに答えられない質問に対応する

Introduction 導入

時間を稼ぐ

① **That's a good / great / excellent question.**
それはいい質問ですね。

② **That's a very interesting question.**
それは、非常に面白い質問ですね。

③ **I'm glad you've pointed it out.**
ご指摘いただいてうれしいです。

Body 本編

Conclusion 結論

知らないと答える

① **I'm not familiar with that theory.**
その理論には詳しくありません。

② **Again, I'm not an expert on that subject.**
再度申し上げますが、そのトピックに関して、私は専門家ではありません。

③ **This is not an area where I have great experience.**
それは、あまり経験のない分野です。

Q&A 質疑応答

💡tips

② プレゼンとは関係のない質問をされたときにも使える表現です。

実践表現

後で答える

① I'll try to find out and get back to you.
調べて、後で返答します。

② I don't wanna (want to) give you the wrong answer. Let me get back to you.
間違った答えをしたくないので、後で返答します。

③ I can't remember right off the top of my head. I'll get back to you on that.
今すぐに思い出せません。それに関しては、後で返答します。

④ I'm sorry, but I don't have that information at hand. If you give me your e-mail address, I can e-mail you.
すみません、今、手元に情報（答え）がありません。メールアドレスをお教えいただければ、メールをします。

⑤ I'll be happy to discuss it with you in detail after the presentation.
プレゼンの後、個別に詳しくお話させてください。

情報源を提供

⑥ You can get that sort of information at www.getglobal.com.
その手の情報は、www.getglobal.com で入手できます。

⑦ You may want to ask the planning department of your city.
それは、あなたがお住まいの市の都市計画課にお尋ねいただくとよいと思います。

参加者に尋ねる

① Does anyone have any thoughts on that?
これについて、何かお考えのある方はいらっしゃいますか?

② Ok, Irene has made a very good point here. How can we increase our output with smaller staff?
アイリーンが非常にいい指摘をしてくれました。少ない人員でアウトプットを増やすにはどうすればいいですか?

③ Very interesting. To give me a reference point, what is your perspective?
非常に興味深いですね。参考までに、あなたはどうお考えですか?

④ Does anyone have any experience with that situation?
そのような状況を体験されたことのある方はいらっしゃいますか。

💡tips

③ 自分の知識を披露したくて質問をしてくる相手に、このように返すこともできます。

答えられる内容に話を移す

① **The real issue is the cost effectiveness.**
本当に大事なのはコスト効果です。

② **The essential question is: is it viable?**
問わなければならないのは、「実行可能か」ということです。

③ **What you're really asking is what needs to be done now.**
お尋ねの内容は、結局のところ、今、何がなされるべきかとうことですね。

④ **It makes more sense to talk about the ROI.**
ROI について話した方が的を射ていると思います。

💡tips

④ ROI（Return On Investment） 投資収益率

📖 プレゼンhacks

　すぐに答えられない場合は、「後日、回答する」と答えてもいいですし、自分の専門分野でない内容であれば、正直に「わからない」と言ってもかまいません。ただし、「後日、回答する」と言った場合は、必ず回答するようにしましょう。自分が質問者として経験をすればわかりますが、約束どおり回答をしないと信用を失います。

　また、答えが確かでない場合は、いい加減な回答をするより、「確認して後日、回答する」と返答することをお勧めします。

イレギュラーな質問に
対応する

関係のない質問や答えにくい質問に

① Thank you for the question, but I think that is beyond the scope of my talk today.

ご質問ありがとうございます。しかし、それは、今日の話の範囲を超えているように思います。

② That is out of the scope of this presentation.

それは、このプレゼンの範囲を超えたものですね。

③ That topic is a seminar in itself.

そのトピックだけで一つのセミナーになります。

④ That's a subject that can't be dealt with in a two-hour seminar.

それは、2時間のセミナーでは対処できないテーマです。

⑤ That's an interesting point, but I think we need to stay on topic.

それは興味深いポイントですが、主題から外れないようにしましょう。

⑥ I don't anticipate that happening. I'll worry about it when that happens.

そうしたことが起こるとは思えません。それが起こった時点で心配しようと思います。

⑦ That's a good question, but a good answer would take more time than we have now without disrupting the rest of the session.

いいご質問ですが、残りのセッションを妨げずにきちんとお答えするには、現在の持ち時間以上の時間が必要ですね。

⑧ If we start getting into the legal aspects, we could be here for hours or even days. So I think we'll have to pass on that.

法的な面について話し出すと、何時間、いや何日も、ここにいなくてはならなくなりますから、それに関しては差し控えておくべきでしょう。

📕 プレゼンhacks

まったく関係のない質問をされた場合、簡単には答えられない質問を受けた場合、上のようなフレーズで対応してもいいですし、またはそれに関連して自分の言いたいことを説明してもいいでしょう。

▌質問ではなく、自分の意見を述べる人に

① That's a good point. Thank you for sharing it.

よいご指摘ですね。お知らせいただきありがとうございます。

. . . .

② We have limited time and must keep on track.

時間が限られていますので、本題からそれないようにしたいと思います。

. . . .

③ Please help me save Q&A time for the rest of the audience. Can we talk later?

他の参加者の方々にも質疑応答の時間を割きたいので、後でお話しできますか?

. . . .

④ Here you go. Obviously, you know more about it than I do.

そうですね。それについては私よりあなたの方がお詳しいようです。

. . . .

⑤ Thank you for your thoughts. Unfortunately, we only have a limited time and I'm going to have to move on. However, I'll be happy to discuss it during a break or after the presentation.

ご意見、ありがとうございます。残念ながら、時間が限られているので、進めなければなりません。休憩時間またはプレゼンの後にご対応させていただけますか。

質問者の意見に賛同できない

① I disagree.
私は反対です。

② I don't think so.
私はそうは思いません。

③ Based on my experience, that's not the case.
私の経験から申し上げると、そうではないようです。

④ I've never heard of it.
それは聞いたことがないです。

⑤ I've never come across that situation.
そのような状況に遭ったことがありません。

⑥ I'm not familiar with that situation.
そうした状況についてはよく知りません。

⑦ I recognize that you [some people] disagree with me on this issue.
この件に関し、あなたが私と意見を異にされていることは承知しています。[私と意見を異にされている方がいらっしゃることは承知しています。]

⑧ We will have to agree to disagree.
お互いの意見が違うということに同意するしかないですね。

質疑応答を終了する

終了前の質問を促す

① Any other questions?
他にご質問は？

. . . .

② I can take a few more questions.
あといくつか質問にお答えできます。

. . . .

③ I'd like to take a few more questions
before we end.
終える前に、もう少し質問をお受けしたいと思います。

. . . .

④ [We have time for] A couple more
questions.
あと 2、3、質問を受け [る時間があり] ます。

. . . .

⑤ We'll take one more question.
あと一つ質問をお受けします。

. . . .

⑥ This will be the last question.
これを最後の質問とさせて頂きます。

. . . .

⑦ One last question.
最後の質問です。

. . . .

⑧ Sorry, we have to end now.
すみません、これで終わりです。

153

▌後ほど個別に対応する

① I'll stay here for another few minutes if you have any questions.

ご質問があれば、あと数分（もうしばらく）ここにいますので。

② I'll stick around for a few minutes in case you have any questions.

もしご質問があれば、もうしばらくここにいますので。

③ If you have more questions, I'll be available to talk with you individually after the program, or you can e-mail your questions.

他にご質問があれば、プログラムの後、個別にお話しできますし、質問をメールで送っていただいてもかまいません。

🈁 質疑応答はいつ行うか

　質問を随時受け付ければ、早いうちから参加者が参加できプレゼンに活気が出ます。また、早めに参加者の知識や理解度がわかり、それに合わせてプレゼンを調整することもできます。一方、話し手の思考やプレゼンの流れを狂わされる恐れがあり、プレゼンの時間が圧迫される場合もあります。

　目安としては、1時間ほどの短いプレゼンの場合、最後にまとめて質問を受け、半日、1日などの長いプレゼンの場合は、その都度、またはセクションごとに質問を受ける方がいいでしょう。

　また、100人など参加者が多い場合、予め質問用紙を回しておき、記入してもらった用紙を集めて回答するという方法もあります。

Chapter 5

実践表現

会社概要①
前置き

① Let me give you a brief introduction to our company.

当社の簡単な紹介をさせてください。

② Let me tell you a little about Best Corporation.

ベストコーポレーションについて少しお話しします。

③ Let me start with a brief overview of our organization.

当社（組織）の簡単な概要から始めたいと思います。

④ I'm going to start with an overview of Best Technology.

ベストテクノロジーの概要から始めます。

⑤ We'd like to tell you who we are and how we got started.

われわれが何者で、どのように創業したかをお話ししましょう。

⑥ For those who aren't familiar with World Company, here are some facts.

ワールドカンパニーをご存じない方のために、こちらに少し情報を用意しています。

🔳 会社概要

　日本企業が英語で作成した会社概要は、下記のように、会社名や設立年月、資本金などを並べた概要の直訳である羅列式がほとんどです。日本式の会社概要の直訳はやめましょう。

悪い例

Company Name: Japan Inc.
Established: July 7, 1997
Capitalization: 370,000,000 yen
Employees: 100
Address: 4-5-4 Shibaura, Minato-ku, Tokyo
108-0023
TEL: +81-03-3453-2310
FAX: +81-03- 3452-1298
E-mail: info@japantimes.co.jp
URL https://bookclub.japantimes.co.jp/
Affiliated Companies: Japan World Co., Ltd.,
Japan U.S.A., Inc.
President: Jiro Takahashi

　また、日本企業では「会社概要」にあたる語として"Company Outline" を使うことが多いようですが、"Company/Corporate Overview" の方が適切です。

会社概要②
事業内容

「私たちは○○です」

① Getglobal is a social networking **service that helps people** connect and communicate with friends all over the world.

Getglobal は、世界中の友人とつながり、コミュニケートするお手伝いをする SNS です。

② GlobalLINK is an Internet media **company that creates** digital content and unique Web technologies.

グローバルリンクは、デジタルコンテンツと独自のウェブ技術を開発するインターネットメディア会社です。

③ GlobalLINK Consulting Group is an independent consulting **firm that specializes** in building strategic alliances between U.S. and Japanese companies in the area of Internet and telecommunications.

グローバルリンク・コンサルティンググループはインターネットや通信分野における日米企業間の戦略提携を専門とする独立系コンサルティング会社です。

④ **We're a** young **company**, growing quickly, **with** big ambitions and many opportunities.

大きな野心と多くの機会に恵まれた、急成長している若い会社です。

社会での位置づけ

⑤ **BCA is the leader** in the medical device marketplace.

BCA 社は、医療機器業界のリーダーです。

⑥ **We're the largest telecommunications company in Japan**, and a worldwide leader in communications services.

当社は、日本最大の電気通信会社であり、通信サービスにおける世界的なリーダーです。

⑦ **BestEco is among the world's leading suppliers of** environmentally-friendly products.

ベストエコ社は、世界でも有数のエコ製品供給業者です。

⑧ **Founded in 1997, ABC is a leading provider of** payroll services to small companies.

1997 年に設立された ABC 社は、中小企業向け給与計算代行サービスの主要提供会社です。

📕 **プレゼンhacks**

　初めての相手との取引開始を目的とする場合、会社概要から説明します。海外では資本金はあまり問題視されませんので、売上や成長、今後の可能性を強調しましょう。海外でのサポート体制ができていることも売り込みの大きなポイントとなります。それに引き続き、市場概要、市場の可能性を簡単に説明し、自社が競合他社に対してどれだけ優れているかも強調し、売り込みにつなげていきます。

① **XMZ develops and markets** Internet applications to enhance workplace productivity.

XMZ 社は、職場の生産性を向上させるためのインターネットアプリケーションの開発および販売を行っています。

② **ABC operates** a network of five web sites including ABC1.com, ABC2.com and ABC3.com.

ABC 社は、ABC1.com, ABC2.com, ABC3.com を含む 5 つのウェブサイトを運営しています。

③ **Best Gas manufactures** gas supply systems and F2 generators.

ベストガスでは、ガス供給システムや F2 ジェネレーターを製造しています。

主要分野について

① **Our main businesses include** long-distance services, wireless services, Internet services and solutions consulting services.

当社の主事業は、長距離サービス、ワイヤレスサービス、インターネットサービス、ソリューション・コンサルティングサービスなどです。

② **Our main expertise is** with high-value application software for industrial and manufacturing markets.

当社は、工業・製造市場向けの高価値のアプリケーションソフトを主に得意としています。

Introduction 導入

「私たちは〜してきました」

① For nearly a century, our company **has been serving** the banking needs of small businesses throughout Japan.

1世紀近くにわたり、当社は日本中の中小企業の金融ニーズに奉仕してきました。

Body 本編

② **XYZ has established itself as one of the leaders** in food processing technology.

XYZ社は、食品加工技術分野で主要業者としての地位を確立しています。

③ The company **has developed** a new telephone system that meets the needs of small businesses.

当社は、中小企業の需要に沿った新たな電話システムを開発してきました。

Conclusion 結論

商品・サービスについて

① ABC's **products are known for** quality, timely delivery and competitive pricing in many countries around the world.

ABC社の製品は、その品質、納期どおりの納品、他社に負けない価格によって、世界中の多くの国で受け入れられています。

Q&A 質疑応答

② Our packaged **service appeals** to small- to mid-sized U.S. technology **vendors** who are entering or extending their coverage in Japan.

当社のパッケージサービスは、日本進出や日本での事業拡大を図る米国の中小テクノロジーベンダーに人気があります。

実践表現

会社概要③
顧客・取引先

① **Customers include** SONY, Sega and Nintendo.

取引先には、ソニー、セガ、任天堂などがあります。

---

② To date, Super X **has been utilized by** many recognized companies.

今日まで、スーパー X は多くの優良企業によって利用されてきました。

---

③ Since it was founded in 1994, GlobalLINK **has successfully assisted** a number of U.S. technology companies in partnering with forward-looking Japanese companies.

1994 年の設立以来、グローバルリンクは数多くの米国のテクノロジー企業が先進的な日本企業と提携関係を結ぶお手伝いをしてまいりました。

---

④ GlobalLINK **has provided** customized reports on the Japanese AI market to leading overseas technology vendors, helping them to succeed in the Japanese market.

グローバルリンクは、海外の主要ハイテクベンダーが日本市場で成功するよう、日本の AI 市場に関するカスタムレポートを提供してきました。

⑤ **Best HR has helped** ABC Bank, ABC Resorts, ABC Brewing, ABC Entertainment and many other leading global corporations significantly reduce employee turnover.

ベスト HR は、ABC 銀行、ABC リゾート、ABC 酒造、ABC エンタテイメントや、その他多くの主要グローバル企業が従業員離職率を大幅に削減するお手伝いをしてきました。

| 具体的な数を言う |

⑥ **We have** more than 22 million **registered users.**

当社の登録ユーザーは、2200 万人以上にのぼります。

----

⑦ **We added** 1 million **users** in the past three months.

過去 3 ヵ月で 100 万人のユーザーが新たに加わりました。

----

⑧ Here are some of the customer testimonials.

お客さまの（称賛の）声をいくつかご覧いただけます。

💡tips

----

⑧ 先に、顧客からの称賛の話が出ていて、その後に「その称賛の声のいくつかを紹介します」と説明する場合の表現です。とくに前述のない場合は "of the" を抜き、"Here are some customer testimonials." の方が適切です。

会社概要④
実績

売上・利益

① **Our sales were US$18.4 million in 2022.**
当社の 2022 年の売上は 1840 万米ドルでした。

② **Our most recent fiscal year saw a doubling of sales from ¥3 billion to ¥6 billion.**
当社の直近の会計年度では、売上が 30 億円から 60 億円へと倍増しました。

③ **In 2022, the total worth of goods sold on getglobal.com exceeded $20 million.**
2022 年、getglobal.com で販売された商品の総額は 2000 万ドルを超えました。

④ **We had record profits last year.**
当社は、昨年、記録的な利益を計上しました。

⑤ **We achieved net profitability in the first year.**
当社では、初年に、純利益を計上しました。

⑥ **The sales doubled over the last few years.**
売上は過去数年で倍増しました。

Introduction 導入

Body 本編

Conclusion 結論

Q&A 質疑応答

実践表現

⑦ Getglobal.com is one of the most trafficked sites in Japan.

Getglobal.com は、日本でもっともトラフィック（通信量）の多いサイトの一つです。

評価

⑧ ABC.com ranked number one among the top 50 Websites, according to the Japan Web Magazine.

ジャパン・ウェブ・マガジンによると、ABC.com はウェブサイトトップ 50 の中でナンバーワンにランクされました。

⑨ Getglobal.com was #2 in customer satisfaction nationwide in the ABC annual survey.

ABC の年次アンケート調査によると、getglobal.com は、全国で顧客満足度 2 位にランキングしました。

⑩ We were awarded a 2022 Customer Service Excellence Award.

当社は、2022 年度顧客サービス優秀賞を受賞しました。

tips

② fiscal year　会計年度

営業報告⑤
事業所・組織案内

① **This is our headquarters in Tokyo.**
これが東京の本社です。

② **Headquartered in Kyoto, we have 15 sales offices nationwide.**
本社は京都で、全国に 15 の営業所があります。

③ **This is a picture of our plant in Ibaraki.**
茨城の工場の写真です。

④ **Our overseas plants are located in Taiwan and Brazil.**
海外工場は、台湾とブラジルにあります。

⑤ **We opened a manufacturing facility in Suzhou last year.**
昨年、蘇州に製造施設を開設しました。

ネットワーク

⑥ **XYZ has a dealer network throughout Japan.**
XYZ 社は、日本中に販売網があります。

⑦ **We have a sales network of 100 locations worldwide.**
世界に 100 拠点の営業網があります。

⑧ **We have a distribution network spanning Europe, the Americas and Asia.**

ヨーロッパ、南北アメリカ、アジアにまたがる流通網があります。

組織

⑨ **Here is our organizational chart.**

これが当社の組織図です。

⑩ **We have 1,200 employees.**

当社の従業員数は 1200 人です。

⑪ **The ABC team consists of more than 100 dedicated professionals.**

ABC チームは、100 人以上の熱心なプロフェッショナルから成ります。

⑫ **ABC's service team members are specialists in the accounting field.**

ABC 社のサービスチームのメンバーは、会計分野の専門家です。

💡**tips**

① 写真などを見せながら説明するフレーズです。

⑧ span 及ぶ、広がる

コラ "about" の乱用

　日本人は、「約」、「〜くらい」の意味で、数字の前にむやみに "about" をつけがちですが、すべての文に "about" が入っていると、煩雑、またあいまいな印象を受けます。社員数や売上などに "about" をつけなかったからといって、「1200 と言っていたのに、実は 1250 か。いい加減なことを言うな」と思われるということはありません。正確性が求められる場合でない限り、つけなくてもかまいません。

会社概要⑥
沿革

創業

① **ABC opened for business** in January 1990.

ABC 社は 1990 年 1 月に創業しました。

② **ABC was established** in 1967 in Nagoya as a wholly-owned subsidiary of DEF.

ABC は 1967 年、名古屋で DEF の 100% 子会社として設立されました。

③ **ABC was incorporated** in 1989 in Fukuoka as ABC Corporation.

ABC は、1989 年、福岡で ABC 株式会社として法人化されました。

④ **Best System was founded** in 1985 to **market** a wide variety of computer systems and peripherals to the growing computer reseller market.

ベストシステム社は、広範囲にわたるコンピュータシステムや周辺機器を、成長期のコンピュータ再販市場向けに販売するために、1985 年に設立されました。

⑤ **ABC.com's founding company has been in the printing business** for 80 years.

ABC.com を開設した会社は印刷業を営んで 80 年になります。

⑥ After developing an innovative thermostat product, Mr. Anzai **formed** Best Thermo in 1990.

革新的なサーモスタット製品を開発した後、安西氏は 1990 年にベストサーモ社を築きました。

⑦ Best System's **founder and CEO**, Kiyoshi Tanaka, recognized the tremendous opportunities in this fast-paced market and responded by offering resellers the leading-edge products and services.

ベストシステム社の創立者兼 CEO である田中清は、速いペースの市場に多大なるチャンスを見いだし、再販業者らに、最先端の製品やサービスを提供することで、（その好機に）応じました。

💡tips

④ peripheral　周辺機器
⑦ leading-edge　最先端の

📖 プレゼンhacks

　「沿革」は、Company/Corporate History のほかに、Where We Started（創業当時）、Where We Are Today（今日の姿、今日の当社）といった表現を使うこともできます。

① ABC **grew to become** a full-service Internet consulting company.

ABC は、フルサービスのインターネットコンサルティング会社へと成長しました。

② The company **has** since **grown** into the largest manufacturer of irrigation systems in Japan.

その後、当社は、日本で最大の灌漑〔かんがい〕システムのメーカーへと成長しました。

③ Best System's tradition of offering proven emerging technologies **has fueled its growth** over the past several years.

証明済みの先端技術の提供という伝統によって、ベストシステム社は、過去数年間、成長を遂げてきました。

④ Best System **opened** three **new locations in** Japan in 2000 and quickly recognized the need for a worldwide local presence.

ベストシステム社は、2000 年に日本国内で 3 つの新たな拠点を開設し、世界中に現地の拠点を置く必要性を直ちに認識しました。

⑤ Formerly known as Big Company, the firm **split into** three companies: Big Financial, Big Technology and Big Whatever.

旧ビッグ・カンパニーは、ビッグ・ファイナンシャル、ビッグ・テクノロジー、ビッグ・ホワットエバーの 3 社に分割されました。

株式上場

⑥ In 2000, we did an IPO, taking Best Technology public on Mothers.

2000 年に IPO を行い、ベストテクノロジー社をマザーズに上場させました。

⑦ In April 2005, the company became public and currently trades on the JASDAQ.

2005 年 4 月、当社は株式を公開し、ジャスダックで取引されています。

⑧ In 1970, the company became public following its listing on the 1st section of the Tokyo Stock Exchange.

当社は、1970 年、東証一部に上場し、公開企業となりました。

💡tips

⑥ IPO (Initial Public Offering) 新規株式公開
⑧ Tokyo Stock Exchange 東京証券取引所

171

会社概要⑦
ミッション

① **Our mission is to become a reliable source of useful health and medical information for our members.**
当社のミッションは、メンバーのための有益な健康・医療情報の信頼できる供給源となることです。

② **GlobalLINK's mission is to be a bridge between U.S. and Japanese technology companies for global success.**
グローバルリンク社のミッションは、日米のハイテク企業の橋渡しをし、グローバルな成功に導くことです。

③ **Our goal is to provide exceptional service and support to our customers.**
当社の目標は、お客さまに卓越したサービスとサポートを提供することです。

④ **ABC's goal is to be the most trusted source of financial information.**
ABC 社の目標は、もっとも信頼のおける金融情報源となることです。

⑤ **Our focus is to bring you the very best products and prices.**
当社は、まさに最高の製品と価格を皆さまにお届けすることに専念しています。

⑥ Best Toys **is committed to** providing high-quality, educational toys that promote learning as fun and enhance creativity.

ベストトイズ社は、楽しい学習を促進し、創造力を育む高品質の教育玩具を提供することに尽力しています。

⑦ ABC **is committed to** establishing itself as a leader in the development of healthcare products.

ABC 社は、ヘルスケア製品の開発において主要企業としての地位を築くことに尽力しています。

⑧ ABC **is dedicated to** providing state-of-the-art software tools for CAD manufacturing markets.

ABC 社は、CAD 製造市場用に最先端のソフトウェアツールを提供することに専心しています。

⑨ Quality, reliability and integrity **are the cornerstones of our company.**

品質、信頼性、廉潔が当社の礎です。

tips

⑨ integrity 清廉、高潔
cornerstone 基盤

Introduction 導入

Body 本編

Conclusion 結論

Q&A 質疑応答

実践表現

会社概要⑧
戦略提携先

① Here's a partial list of our strategic partners.

当社の戦略提携先の一部リストです。

② GlobalLINK has partnered with a number of major corporations, including ABC and XYZ.

グローバルリンクでは、ABC 社や XYZ 社など、いくつもの主要企業と提携しています。

③ ABC has formed strategic relationships with key Internet leaders, including Internet Japan and Best Web.

ABC 社は、インターネットジャパン社やベストウェブ社など、主要インターネット企業と戦略的関係を築いています。

④ ABC maintains strategic partnerships with several leading technology companies.

ABC 社では、数社の主要テクノロジー企業と戦略提携を行っています。

⑤ We have established strategic relationships with an array of successful organizations for the development of social-media sites.

当社は、ソーシャルメディアサイトの開発のために、数々の成功企業と戦略提携を結んでいます。

⑥ **We have entered into strategic partnerships with leaders in their industries.**

当社は各業界の主要企業と戦略提携契約を結んでいます。

. . . .

⑦ **This is a list of the companies we closely work with to present our customers with the best solutions possible.**

下記は、お客さまに可能なかぎりベストなソリューションを提供するために、密接な協力関係にある企業のリストです。

. . . .

⑧ **These special relationships allow ABC to help established businesses to succeed online.**

こうした特別な関係により、ABC 社では、立派な企業がオンラインで成功するお手伝いができます。

💡 **tips**

. . . .

⑤ an array of 多くの

📖 **プレゼンhacks**

戦略提携先は、partners, strategic partners などと呼ばれます。すべてを列挙する必要はなく、代表的なところを挙げればいいでしょう。

営業報告①
市場の概況報告

① As you know, the market has been soft for the last few months.

ご存じのように、過去数ヵ月、市況が低迷しています。

② The market has been sluggish since late last year.

市場は昨年終わりから緩慢です。

③ The Japanese market began to collapse in November. Our shipments have plummeted from 600 MT per month to 200 MT.

日本の市場は 11 月に崩れ始めました。出荷量は月 600 トンから 200 トンに急落しました。

④ The router market grew 46% from ¥112.8 billion in Q1 to ¥165.2 billion in Q2.

ルーター市場は第 1 四半期の 1,128 億円から、第 2 四半期は 1,652 億円に 46%伸びました

⑤ The high-end segment doubled to ¥79.2 billion in the first quarter, the largest and fastest growing segment.

高位機種は、最大かつもっとも成長の早い区分で、第 1 四半期に倍増し 792 億円に達しました。

⑥ **This segment alone will exceed ¥120 billion in 2024, accounting for over 50% of the total router market.**

2024 年にはこの区分だけで 1,200 億円を超え、ルーター市場全体の半分以上を占めるでしょう。

⑦ **The market is projected to continue to grow at a 30% rate, reaching ¥250 billion in 2025.**

市場は、30％の割合で成長を続け、2025 年には 2,500 億円に達する見込みです。

⑧ **The market is expected to remain weak throughout 2023. While reinforcing our direct sales force, we will need to develop new applications for Omega.**

2023 年いっぱい、市場は弱いままと思われます。直販力を強化するとともに、オメガの新しいアプリケーションを開発する必要があります。

⑨ **The market will not grow as much as expected in the coming 2-3 years and the price is most likely to decline.**

ここ 2、3 年、市場は予想ほど伸びず、価格は下がる可能性が大きいのです。

💡**tips**

④ Q1 (Quarter 1)　第 1 四半期

読み方は "q one"（カジュアル）と "the first quarter" の両方があります。

営業報告②
売上に関する事柄

売上（Sales）

① **Sales** of the mid-range products, with an average price of ¥350,000, **showed** 13% **growth** in the second quarter, **reaching** ¥53.4 billion.

平均価格が 35 万円の中位機種売上は、第 2 四半期に 13%の伸びを見せ、534 億円に達しました。

② Japanese **manufacturers are enjoying strong sales** and planning an extensive production increase, beginning in 2024.

日本のメーカーは好調な売上を享受しており、2024 年より大幅な増産を計画しています。

③ **Sales** of tablets **are expected to top** 20 million units in 2023, growing to more than 60 million in 2024.

タブレットの販売数は、2023 年には 2,000 万台を超え、2024 年には 6,000 万台以上に伸びる予定です。

tips

③ top 上回る

需要と供給（Demand & Supply）

需要

① **Demand** in several of our markets **improved slightly** and raw material costs moderated.

当社の市場の中には、需要がわずかに向上したところもあり、原料費も抑えられました。

② **Market demand is very weak.** In particular, electronic and automotive manufacturers are operating at 60% capacity.

市場の需要は非常に弱く、とくに電子・自動車メーカーは生産稼働率60%です。

供給

③ Increases in production by world manufacturers **will result in a tight supply** of the material from 2023 to 2024.

世界のメーカーが増産し、2023年から2024年にかけて、同原料の供給は厳しくなるでしょう。

④ Manufacturers expect that the supply of the material will be tight worldwide in 2023 despite the scheduled production increases in a number of countries.

製造業者は、多くの国々で増産が予定されているにもかかわらず、2023年は世界的に原料供給が厳しくなると予想しています。

価格（Price）

① **The price declined** due to oversupply in the market.

市場への供給過多により、価格が下落しました。

② **The price decline appears to have bottomed,** suggesting the end of the price war.

価格の下落は底をつき、価格競争が終わったことがうかがえます。

③ Figures in all regional markets reflect an overcapacity of memory chips and, therefore, **depressed pricing.**

すべての地域市場の数字は、メモリーチップの余剰を反映したもので、その結果、価格を押し下げました。

④ **Although prices haven't changed drastically,** demand remains dull, with the exception of the travel industry.

価格の大きな変動はありませんでしたが、旅行業界以外、需要は低迷したままです。

⑤ Customers **are still negotiating price on grounds** of the strong yen and the falling prices of raw materials.

円高と原料価格の下落を理由に、顧客はいまだ価格を交渉しています。

⑥ Users are asking for a price reduction due to the strong yen. Although domestic producers have not responded to this request, **the market price appears downward.**

ユーザーは、円高を理由に値下げを要求してきています。国内メーカーはこの要求に応じていませんが、市場価格は下落気味です。

⑦ In the face of a rising yen, the majority of domestic manufacturers are **in favor of a price increase.** They will be forced to cut production further and this will be beneficial to imports.

円高に直面し、大多数の国内製造業者は値上げの方向です。よりいっそうの生産削減を余儀なくされ、輸入品にとっては有利になるでしょう。

⑧ While **the price in Korea has already been down** to $410 CIF Korea, Japanese manufacturers are offering even lower prices.

韓国の価格がすでに 410 ドル（CIF 韓国）に下落している中、日本のメーカーは、さらに低価格を提供しています。

⑨ The average **price is anticipated to** be $600-$700/MT in 2023.

2023 年の平均価格は、1 トンあたり 600 ～ 700 ドルになると予想されています。

営業報告③
売上報告

---

① This quarter our sales increased / decreased by 7%.

今四半期、売上は 7% 上昇（下落）しました。

---

② Total sales in March were more / less than 1% above / below February sales and up / down 4% from March 2022.

3 月の総売上は 2 月の売上を 1% 上回り（下回り）、2022 年 3 月に比べ 4% 上昇（下落）しました。

---

③ In month-to-month comparisons, sales in China and Vietnam rose / declined 0.3% and 0.5% respectively.

前月比では、中国とベトナムの売上は、それぞれ 0.3% と 0.5% 上昇（下落）しました。

---

④ Compared to March 2022, sales in Germany increased 2.9% while in France sales declined 13.5%.

2022 年 3 月比では、ドイツでの売上が 2.9% 伸びた一方で、フランスでは 13.5% 落ち込みました。

---

⑤ We fell slightly short of the monthly sales goal. I'm confident that we'll make it next month.

月間売上目標にわずかにおよびませんでした。来月は達成できる自信があります。

⑥ **Reported sales were the highest quarterly level of 2023.**

（報告された）売上は、2023年の四半期としては最高です。

⑦ **We are very pleased with our sales performance for the first quarter.**

第1四半期の売上結果は、非常に喜ばしいものでした。

⑧ **We had a new high in the summer of 2022.**

2022年夏に、過去最高を更新しました。

⑨ **The last time it hit the current level was in 2018.**

今のレベルに達するのは、2018年来です。

📖 **プレゼンhacks**

　数値の上下や変動、比較を表す表現はいろいろありますので、同じ単語を繰り返すのではなく、複数使いこなせるようにしましょう。

営業報告④
売上予測

projection

① **These are sales projections for the coming six months.**
向こう 6 ヵ月間の売上予測です。

② **This is the sales projection for 2024.**
2024 年の売上予測です。

③ **These are BBT sales projections for the next quarter.**
これは、次四半期の BBT の売上予測です。

④ **Here's a three-year sales projection.**
これは、3 ヵ年売上予測です。

⑤ **These projections are conservative and well within reach based on our present customer base. Expansion into other markets obviously significantly changes the figures, but I feel that the initial feasibility should be based on tangible goals.**
この予測は控えめなもので、現在の顧客ベースで考えると十分達成可能です。他の市場へ進出すれば、もちろん、この数字は大幅に変わりますが、当初の実行可能性は具体的な目標に基づくべきだと思います。

forecast

① **Here is the demand forecast for the fourth quarter.**

第4四半期の需要予測です。

② **These are short-term and long-term forecasts for 2024 for both raw materials and finished products.**

これは、2024年の原料と完成品両方の短期および長期予測です。

expect

① **Annual sales are expected to be $25 million.**

年間売上は2500万ドルに達する予想です。

② **We expect to sell 70,000 MT of phenol this year.**

今年は7万トンのフェノールを販売する見込みです。

③ **Demand is expected to slacken during the first half of this year, but improve in the last half. Thus, our sales can be maintained at last year's level.**

需要は、今年前半は落ちるものの、後半は上昇すると見られています。そのため、当社の売上も昨年レベルを維持できます。

⚡tips

③ slacken 弱まる、落ち込む

estimate

① **Even the lowest year-end estimate, 4%, would bring 2023 sales to approximately ¥150 billion —— an all-time high.**

年度末予測を最低の 4%にしても、2023 年度の売上は史上最高の約 1500 億円に達する見込みです。

anticipate

① **Our business seems to be steady, and I would anticipate our order quantity and pattern to be similar to the first half of 2022.**

ビジネスは堅調であり、注文数および注文パターンは 2022 年上半期と同様だと思われます。

be going to / will

① **Market interest is picking up and I'm confident that this is going to be a good year.**

市場の関心も増しており、今年はいい年になると確信しています。

② **We're optimistic that sales will return to historical growth patterns in 2023, as demand continues to increase and supply and demand come into better balance.**

需要の伸びが続き、需給のバランスが改善すれば、売上も 2023 年には従来の成長パターンに戻ると楽観視しています。

③ If the current domestic sales price of 80 yen/kg declines, a considerable loss will be incurred.

現在のキロあたり 80 円の国内販売価格が下落すると、相当な損失が生じるでしょう。

④ A stronger yen, and a savings of ¥50 million from price adjustments with Heiwa, will help us maintain our long-established market share for another quarter.

円高と、平和社との価格調整による 5,000 万円の費用削減で、長年かけて築いた市場シェアを来四半期も維持することができるでしょう。

💡tips

① pick up　回復する、上向く
② come into balance　バランスが取れる、平衡状態になる
③ incur　（負債などを）こうむる

営業報告⑤
競合他社の動向

① ABC and XYZ have begun aggressive sales tactics.

ABC 社と XYZ 社が、大胆な販売戦術を開始しています。

---

② They are scheming to increase the price since overseas demand and supply will balance next year and competitive prices will not be offered from offshore.

海外の需給は、来年、バランスが取れ、海外からは競争的な価格は出てこないだろうという理由で、値上げしようと画策しているのです。

---

③ Their pricing policy is part of their sales strategy. They will start to increase production in July.

彼らの価格策定は営業戦略の一環であり、7月に増産する予定です。

---

④ AG Corporation in particular is increasing PO production and strengthening sales efforts.

とくに AG 社は、PO を増産し、営業努力を強化しています。

---

⑤ MT and SN have temporarily suspended part of their production.

MT 社と SN 社は、一時的に、生産を一部停止しています。

⑥ **MS decided to suspend** the 200,000 MT **production increase** permanently.

MS 社は、20 万トンの増産の中止を決めました。

⑦ **The ABC group has a 20% market share** in Japan, but it is on a contract basis and not firmly established.

ABC グループは日本で 20%の市場シェアを有していますが、契約ベースの取引で、強固なものではありません。

⑧ **Our competitor's product performs better** and it currently has the business.

競合品のほうがより性能がよく、現在、このビジネスを握っています。

⑨ **Japanese manufacturers will introduce new products** that will be even further differentiated and will not allow world competitors to follow.

日本のメーカーは、さらに差別化された新製品を発売し、世界の競合他社の追随を許さないでしょう。

⑩ Japanese manufacturers are more competitive than we think. **They have a price system that can defend against our reinforced sales efforts**, as seen in the past.

日本のメーカーは、われわれが思う以上に競争力を有しています。過去にもあったように、われわれの強力な販売努力に対抗できる価格体系を備えているのです。

プロジェクト①
予定の説明

① **Here is a plan** to meet the new guidelines.
これが新ガイドラインを満たすための計画です。

② **Here's a proposed timeline** for the specification development process.
これが、仕様開発過程の日程案です。

③ **This is a proposed timeframe** for replacement.
これが置き換えの日程案です。

④ **These are the plans** to reduce toxic emissions.
これは、有害排出物の削減計画です。

⑤ **We'll develop** the environmentally-friendly version by the end of 2024.
環境に優しいバージョンを 2024 年末までに開発します。

⑥ **Table 1 shows our reduction targets** and year to achieve them.
表 1 は、当社の削減目標と、それを達成する年を示しています。

⑦ **We plan to achieve the goals by 2025.**
目標は 2025 年までに達成する計画です。

⑧ **The prototype should be available by October 30, 2023.**
試作品は、2023 年 10 月 30 日までに用意します。

⑨ **Testing will be completed by the end of August.**
試験は 8 月末までに終わります。

⑩ **The reporting preparation and cost estimation will be completed by September 11, 2023.**
報告準備および費用概算は、2023 年 9 月 23 日までに完了する予定です。

⑪ **The deadline for application is March 31.**
申請の締め切りは 3 月 31 日です。

⑫ **We are estimating that the cost of the studies could easily exceed $250,000.**
調査費用は、25 万ドルを容易に超えると試算しています。

⑬ **The studies will require 18-24 months and therefore need to be started around April 1, 2024.**
調査には 18 〜 24 ヵ月かかるので、2024 年 4 月 1 日頃までに開始する必要があります。

プロジェクト②
進捗報告

① This is an interim report.
これは、中間報告です。

② Here's the project update.
これは、プロジェクトの最新情報です。

③ This is a brief summary of project progress.
これは、プロジェクト進展状況の簡単な要約です。

④ I'll quickly go over the status of the project.
プロジェクトの状況を簡単に説明します。

⑤ I'd like to let you know where we are in the development of Mega.
メガの開発が、今、どの段階かをお知らせしたいと思います。

⑥ The project is running close to plan in terms of both cost and schedule. Engineering costs are slightly higher than projected, but materials costs are lower. Overall costs are near target levels.
プロジェクトは、費用とスケジュールの両面で、ほぼ計画通り進んでいます。エンジニアリング費は予測を少し上回っていますが、原料費は下回っています。全体の経費は、ほぼ目標レベルです。

⑦ Construction of the main building is **on schedule**, and it was 98% complete at the end of June.

本館の建設は計画通り進んでおり、6月末時点での完成率は98%です。

遅れている

⑧ **We are on schedule**, except in a couple of areas. We will catch up by revising some activities.

全体的には予定通りなのですが、遅れている部分が2、3あります。しかし、作業を一部修正して追いつくつもりです。

⑨ **We just completed** Phase 2 and are approximately two weeks behind schedule.

フェーズ2を終えたところですが、予定より約2週間遅れています。

⑩ **The delay will push back** everything and delay the release of Mega.

この遅れですべてが先送りになり、メガの発売は遅れるでしょう。

⑪ **It would be unrealistic to promise completion of the final stage by the date we originally anticipated**, March 31.

当初の予定の3月31日までに最終段階の完了を確約するのは、現実的ではないでしょう。

💡**tips**

④ go over ... …を吟味する、検討する

⑥ in terms of ... …の見地から

実践表現

プロジェクト③
規制内容の説明

① Here are the new rules we have to follow.

これが、遵守しなければならない新しい規則です。

② These are the revised guidelines / regulations.

これは、修正されたガイドライン（規制）です。

③ We're in full compliance with the criteria for all of our products.

当社の製品はすべて、この基準を完全に満たしています。

④ We are building a procedure to manage environmentally hazardous substances.

環境汚染物質管理の手続きを構築しているところです。

⑤ The products must meet the Canadian Energy Efficiency Standards in order to be imported into Canada.

カナダへの輸入には、製品はカナダのエネルギー効率標準を満たさなければなりません。

⑥ Now all suppliers of production parts that fall into these categories must certify compliance with this standard.

今後、これらのカテゴリーに該当する生産パーツの供給業者はすべて、この規準を遵守しなければなりません。

⑦ Any manufacturer of a substance in quantities of 1 tonne or more per year **will be required to register with the** Agency.

年に1トン以上の物質を製造する業者はすべて、当局に登録する必要があります。

⑧ The change **affects products with an** annual sales volume of 200K units or more.

この変更で、年間販売数が20万個以上の製品に影響が出ます。

⑨ **This is not currently required by the** European testing schedules.

これは、現在、ヨーロッパの試験計画では義務付けられていません。

⑩ The government **will impose** similar testing requirements **on** all products, as a result of this change.

この変更の結果、政府は、全商品に同様の試験要件を義務付けるでしょう。

⑪ EPA is considering regulating the import of the materials.

EPAでは、その原料の輸入規制を検討しています。

💡**tips**

⑦ tonne メートルトン

⑧ K = 1000

⑪ EPA (Environmental Protection Agency) 米国環境保護庁

プロジェクト④
製品開発・試験の報告

develop ／開発

① **We have developed a new compound.**
新たな化合物を開発しました。

② **These products are still in development.**
これらの製品は、まだ開発中です。

test ／試験

① **We conducted a series of tests comparing the performance of the two products to determine the effects of the substitution.**
代替の影響を見極めるために、両製品の一連の性能比較試験を行いました。

② **The intent of the test was to compare the performance of Product A and Product B.**
製品 A と製品 B の性能比較が本試験の意図でした。

③ **We ran tensile tests to determine the material properties.**
資材の物性を見極めるために、引張〔ひっぱり〕試験を行いました。

④ **The feature was tested on a large-scale cluster to make sure the feature is scalable.**

スケーラブルであることを確かめるために、その機能を大規模クラスターでテストしました。

⑤ **Testing involved a 1,500-hour salt fog test to measure atmospheric corrosion.**

試験では大気腐食を測るため 1500 時間の塩霧試験が行われました。

⑥ **The test was carried out by an independent lab.**

試験は、独立したラボで行われました。

⑦ **This had to be tested and certified by a third-party lab.**

これは、第三者ラボで試験し、認証される必要がありました。

evaluate ／評価

① **We evaluated the performance of the PDC that we received from Best Partner and compared it with that of EST.**

ベストパートナーから受け取った PDC の性能を評価し、EST の性能と比較しました。

② **AGE was evaluated to measure its particle size and solids, compared with CFG.**

粒子径と固形分を測るために、AGE を評価し、CFG と比較しました。

measure ／ 測定

① **We measured** the key performance characteristics of each part at a normal production run rate.
通常の生産速度で各パーツの主要性能特性を測定しました。

......

② Temperatures were **measured** after an hour.
1 時間後、温度を測定しました。

observe, monitor ／ 測定

① The sample was stored at room temperature, and **change was observed** over time.
サンプルは室温で保存し、時系列変化を観察しました。

......

② The test piece was soaked in each chemical at room temperature for 15 minutes, and **the weight increase was observed**.
試験布は各化学品に室温で 15 分浸漬し、重量の増加を観察しました。

......

③ **No variations of** pH **were observed**.
pH の変異は見られませんでした。

......

④ **Changes were monitored** over a week.
1 週間にわたり変化を観察しました。

trial ／試作

① **We have run successful trials and are going to run larger scale trials next week.**

試作はうまくいき、来週、より大規模な試作を行う予定です。

② **Additional trials are currently being run at the plant. We should get a progress report in the next two weeks.**

さらなる試験が工場で行われており、2週間ほどで中間報告が入るはずです。

試験結果

① **The tests show DC145 is not stable and needs improvement.**

試験では、DC145 は安定しておらず、改良が必要であることが判明しました。

② **The analysis of test data revealed issues with reliability.**

試験データを分析したところ、信頼性に問題があることがわかりました。

③ **Based on our findings in the lab, the content can be reduced 50%.**

ラボでの調査結果では、含有量は 50%削減可能です。

④ **No sediment was detected during the treatment.**

処理の間、沈殿は見られませんでした。

売り込み①
前置き

① **I'd like to take this opportunity to introduce our products to you.**

この機会に当社の製品をご紹介させていただきたく思います。

② **It is a pleasure speaking with you and having the opportunity to tell you about GL.**

こうして、皆さんに GL についてお話しする機会をいただけて光栄です。

③ **This discussion is most timely, because once-in-a-lifetime opportunities will be coming in the next 6 months or so.**

このお話は時宜を得ています。というのは、一世一代のチャンスが、この半年かそこらでやってくるからです。

参加者へ問いかけ

④ **How would you like to get a program that will halve your data entry time?**

御社のデータ入力時間を半減するプログラムを入手したいと思われませんか?

⑤ **Is your competition offering the same product at a lower price?**

御社の競合他社が、同じ製品をより低価格で販売していますか?

⑥ **Are you constantly fighting for customers, forcing you to lower prices?**

御社では常に値下げを強いられ、顧客獲得に苦戦しておられますか？

⑦ **At age 47, your life expectancy is approximately 30 years. If you become disabled, you would receive $2,000 a month. You want to provide for your family, don't you?**

47 歳ですと、寿命はあと 30 年ほどです。もしあなたが働けなくなった場合、1 ヵ月 2000 ドル受けとることができるのです。ご家族の面倒をみたいですよね。

⑧ **Are you ready to invest for success?** Everybody says they're ready to make money in the market, but let me ask you this —— do you have a strategy in place to do just that? If you're like most people, the answer is "no." We can help you change that.

成功のために投資をする準備はできていますか？ 皆さん、市場で儲ける準備はできているとおっしゃるのですが、お聞きします——そのために戦略を用意されていますか？ たいていの方の答えは「ノー」です。われわれには、それを変えるお手伝いができます。

 tips

④ halve　半分にする

売り込み②
製品の説明

特徴

① This is a rundown / summary of BestKit's features.

ここに、ベストキットの特徴をまとめました。

② The new model features higher power and more speed.

新しいモデルは、より大きなパワーと速いスピードが特徴です。

③ New enhancements include search and analysis capabilities.

新しく検索と分析機能などが加えられました。

④ This material has a 75-year service life.

この素材の寿命は 75 年です。

⑤ It's not recommended in areas where it will undergo friction because the film is soft.

膜はやわらかいため、摩擦の生じるところには向いていません。

💡tips

① rundown　要約（口語）

効果の予測

① Our Insight **product features a patent-pending technology** that creates a customer-centric data warehouse pre-optimized for fast data mining.

当社のインサイト製品の目玉は、迅速なデータマイニングのためにあらかじめ最適化された顧客中心型データウェアハウスを構築する、特許出願中の技術です。

② ABC Rebar's anti-corrosion **performance has been verified** at various public agencies and universities, including CIAS and Texas A&T University.

ABC 棒鋼の防腐性能は、CIAS やテキサス A&T 大学など、様々な公的機関や大学で実証されています。

③ The new HF **technology platform expands** JapanMed's product line into cardiac surgery and provides another advancement in heart bypass surgery.

新たな HF 技術プラットフォームは、ジャパンメドの製品ラインを心臓外科手術の分野に拡大し、心臓バイパス手術の分野にまた一つ進歩を提供します。

💡 tips

② CIAS（Concrete Innovations Appraisal Service）コンクリート革新鑑定サービス

売り込み③
顧客メリットの強調

① **This solution has three advantages:**
   One, it's inexpensive.
   Two, it's easy to install.
   Three, it's been proven effective.
   このソリューションには、3つのメリットがあります。
   1) 高くない。
   2) インストールが楽である。
   3) 効果が証明されている。

② **The ST-400 series has been successfully used for these applications.**
   ST-400シリーズは、こうした用途に成功裏に使われてきました。

③ **The benefit to you is that you have full control of the style, image and format.**
   利点は、お客さまがスタイル、画像、フォーマットを完全にコントロールできるところです。

④ **This new procedure will help your department achieve the goal.**
   この新しいやり方は、貴部署が目標を達成するのに役立ちます。

⑤ **This program is designed to provide special assistance to small-business owners.**
   このプログラムは中小企業のオーナー様を特別に支援するために考案されました。

実績をアピール

⑥ Over 100 manufacturers, including ABC and XYZ, use our system and it **has saved them more than $300,000 in maintenance costs.**

ABC 社、XYZ 社など 100 社以上のメーカーが当社のシステムを利用し、保守費用を 30 万ドル超、節約しました。

⑦ Our steel's stronger properties mean considerably less steel is required; **lowering the project costs substantially**——particularly for large projects. One of our customers eliminated in excess of 1,000 tons of steel.

弊社の鉄は非常に少量でこと足りるという大きな特性を持っており、プロジェクト費用を大きく削減できるのです——とくに大きなプロジェクトでは。お客さまの中には 1000 トン以上の鉄を削減したところもあります。

要望に応えて

⑧ **We tailor our seminar** to the customer's requirements.

当社ではお客さまのご要望に沿うよう、オーダーメイドのセミナーを提供しています。

⑨ Based on the input we received from you, **we identified your challenges as follows:**

御社からいただきましたご意見を基に、御社の課題を次のように特定しました。

実践表現

売り込み④
最後のひと押し

① **The argument runs quite clearly in favor of the new method.**

これまでの話で、新しい方法が優れていることが明らかです。

② **You know these changes make sense.**

こうした変化が理にかなっているとおわかりですね。

③ **I'm confident that from what you've seen today, it will make sense for you to adopt our system.**

今日、(プレゼンを) ご覧いただき、当システムを導入いただくことが御社にとって理にかなっているとお考えいただけるものと確信しております。

④ **If you follow this, you will see a sea change in the attitude of your staff within a few weeks.**

この通りにすれば、数週間以内に、御社の従業員の態度は大きく変貌するでしょう。

⑤ **By now, you know that when it comes to timely, efficient service to more than 200 countries, you can count on GlobalLINK.**

200ヵ国超への適時かつ効率的なサービスと言えば、GlobalLINK が信頼できるということは、すでに納得いただけたと思います。

⑥ **I would be interested in discussing further how Best Company can form a business relationship with GlobalLINK.**

ベストカンパニーがグローバルリンクといかに事業提携できるかについて、さらにお話しできればと思います。

⑦ **Thank you again for your time and the opportunity to provide you with information on Best Solutions.**

お時間をとっていただき、ベストソリューションズに関する情報を提供する機会をくださったことに重ねて感謝します。

最後の最後に

⑧ **I hope this presentation will help you make the best possible strategic decisions for your company.**

このプレゼンが、御社が最善の戦略的決断を下すお役に立てることを祈ります。

⑨ **I hope we can cooperate on future projects.**

将来、プロジェクトで協力できることを祈ります。

⑩ **We look forward to doing business with you.**

お取引させていただくのを楽しみにしております。

💡tips

④ a sea change in ...　…における著しい変化、変貌

会計・財務①
財務報告

① Here's the summary of 2023 financials.
これが 2023 年財務の報告概要です。

② This is a summary of consolidated financials.
これは連結財務報告の要約です。

③ Here are key financials.
これは主要財務データです。

④ I will discuss how we did financially last year.
昨年の当社の財務状況をお話しします。

好転した

⑤ In the GF business, sales increased versus last year due to new products.
GF 部門では、新製品により、売上が昨年より増加しました。

⑥ Our second-half financial results showed marked improvement, both in sales and operating profit, compared to very weak first-half results.
上半期の非常に低迷した結果に比べ、下半期の業績は、売上、営業利益ともに著しく向上しました。

⑦ Restructuring actions taken earlier in the year are improving our profitability, and we were able to reduce our debt by $5.6 million in the quarter.

今年行った再編成のおかげで収益性が向上し、この四半期で負債を560万ドル削減することができました。

⑧ On August 31, 2023, GlobalLINK total debt was $196 million, a decrease of $5 million versus the third quarter of 2022.

2023年8月31日、グローバルリンクの総負債は1.96億ドルで、2022年第3四半期から500万ドル減少しました。

悪化した

⑨ Brazil and Peru reported slight declines of 2% and 1%, respectively.

ブラジルとペルーは、それぞれ2%と1%、わずかに下落しました。

⑩ Sales in most product lines experienced modest declines versus last year, but increased in software.

ほとんどの製品ラインの売上は、昨年比で若干下落しましたが、ソフトウェアでは上昇しています。

⑪ Excluding acquisition-related revenues, sales for the current quarter were $189 million, down 5% versus the second quarter of 2022.

買収関連の収益を除くと、今四半期の売上は1.89億ドルで、2022年の第2四半期に比べ5%下落しました。

会計・財務②
予測と予測に対する実績

予測

① These are projections for next year.
来年の予測です。

② What you're looking at is a projected financial statement.
ご覧いただいているのは、財務予測です。

③ After the startup phase, the Dalian facility is expected to enhance the operating profits from manufacturing the new product.
起動フェーズ後、大連工場は、新製品製造での営業利益を向上させる見込みです。

④ It is anticipated that profit will be 5% more / less than projected.
利益は予測を5%上（下）回ると見られています。

実績

⑤ Here is the actual versus the projection.
これは、予測に対する実績です。

⑥ I'll report on the actual versus budget.
予算に対する実績を報告します。

⑦ The actual revenues are 10% higher / lower than projected.
実際の収益は予測よりも10%高く（低く）なりました。

⑧ **The actual sales fell 14% below the 2023 projection.**

実際の売上は、2023 年の予測を 14% 下回りました。

⑨ **The actual costs were 30% more than projected costs.**

実際の費用は、予想費用を 30% 上回りました。

⑩ **For the fuel cost, the actual increase was 10.6%, whereas the projection was 11.3%.**

燃料費に関しては、予想が 11.3% であったのに対し、実際の上昇率は 10.6%でした。

⑪ **As shown in Figure 3, sales volume rose almost immediately at the start of the year, and by April sales were 40% above the projection.**

図 3 にあるように、販売台数は年頭からほぼすぐに上昇し、4 月までに売上は予測を 40% 上回りました。

会計・財務③
予算

① **Here's the budget overview.**
これが予算概要です。

② **Here is the budget for 2024.**
2024 年の予算です。

③ **Here's the proposed FY 2024 budget for the department.**
これが部の 2024 会計年度の予算案です。

④ **This slide shows the allocation of the IT budget for education and training.**
このスライドは、教育・研修向けIT予算の配分を示したものです。

⑤ **This pie chart shows the allocation for the IT budget in 2023.**
このパイチャート（円グラフ）は、2023 年の IT 予算への配分を表しています。

⑥ **For 2024, more is allocated for offshore outsourcing.**
2024 年は、海外アウトソーシングにさらに配分されます。

⑦ **The 2024 IT budget will be comparable to that of 2023.**
2024 年の IT 予算は 2023 年のものと変わりありません。

⑧ **65% has been allocated** to run the existing systems, **with 35%** for building or buying new systems.

65%は既存システムの運営に、35%は新規システムの構築または購入に配分されています。

⑨ **Internal staff accounts for 43% and** hardware, software and network **account for 32%.**

社内スタッフが43%、ハード、ソフトおよびネットワークが32%を占めています。

⑩ Most spending **is on budget**, except for employee benefits.

社員の福利厚生以外は、出費のほとんどが予算通りです。

💡tips

③ FY (Fiscal Year) 会計年度
④ allocation of ... …の中の配分
⑤ allocation for ... …への配分
⑨ account for ... …を占める

会計・財務④
経費節減

必要性

① We have to keep a tight lid on all spending.

全出費の抑制を続けなければなりません。

---

② We will attempt to find $1 million of savings to further reduce operating costs in the second half of year.

下半期は、運営費をさらに削減するため、100万ドルの費用節減を行うつもりです。

---

③ If the total savings goal is achieved, total operating costs will be $10 million less than estimated.

総削減目標が達成できれば、総運営費は、予測を1000万ドル下回ることになります。

結果

---

④ Corporate expense declined $2.2 million versus last year due to aggressive expense controls.

事業費は、大胆な費用抑制で、昨年より220万ドル減少しました。

---

⑤ Management has been able to offset budget increase with $23.6M of savings.

経営陣は、予算増加分を2360万ドルの費用節減により相殺しています。

⑥ **Cost savings were generated by** the workforce reduction taken in the second quarter and the Taiwan plant closure, which is expected to be completed by year-end.

コスト節減は、第 2 四半期に行った人員削減と、年末までに完了する予定の台湾工場閉鎖により行われました。

⑦ Despite significant increases in the FY 2023 budget, **we identified offsetting savings** to keep the FY 2023 budget at last year's level of $460 million.

2023 年会計年度予算の大幅な増加にもかかわらず、2023 年の予算を昨年の水準である 4 億 6000 万ドルに保つため、費用節減による相殺を行いました。

⑧ **We have offset** 3 million yen of cost increases **with** 3 million yen of cost savings to keep the expense budget flat at 64 million yen.

経費予算を 6400 万円の横ばいで維持するために、300 万円の費用上昇分を 300 万円の費用節減で相殺しました。

💡**tips**

① tight lid　厳しい抑制
⑤ M（million）100 万

「約／〜くらい」

about	
around	
approximately	
〜 or so	例 100 or so（100 かそれくらい）
-ish	例 at 5-ish（5 時くらい）
	at noonish（お昼くらい）

数・単位

1/2	half, one-half
1/3	one third
1/4	quarter, one-quarter
1/5	one fifth
3/10	three tenths
2 3/5	two and three-fifths
.58	point five eight
1.07	one point zero seven

💡 tips アメリカでは、「0.58」より「.58」と表示されるのが一般的。ヨーロッパ大陸では、小数点などのピリオドがカンマで（「.」→「,」）表記されます。（例）2.5 → 2,5　1,600.23 → 1.600,23

10K	ten K（カジュアル）, ten thousand
1M, 1MM	one million
4^2	four squared
5^3	five cubed
9.6%	nine point six percent
17.3%	seventeen point three percent

100%	hundred percent
1 km	one kilometer, a kilometer
2 m	two meters
3 cm	three centimeters
4 mm	four millimeters
5 µ	five micros
1/2 mile	half a mile, half-mile
2.5 miles	two and a half miles
1 1/4 miles	one and a quarter miles
1 foot	one foot, a foot
2.5 feet	two and a half feet
1 1/2 feet	a foot and a half
1/2 inch	half inch
5' 3"	five feet three inches
12" x 30"	twelve by thirty inches

💡tips : 1 yard = 3 feet = 36 inches
1 foot is a third of a yard.

1 m²	one square meter
1.5 sq.ft	one and half square feet
3 SF	three square feet
2 m³	two cubic meters
1 cu ft	one cubic foot
4 MT	four metric tons

💡tips : アメリカやカナダでは、short ton（1トン = 2,000 ポンド）が使われ、イギリスでは、昔、long ton（1トン = 2,240 ポンド）が使われていました。海外とのやりとりでは、混乱を避けるために、日本で使われるメートル方式のトンを "MT"（metric ton）または "tonne" と表示した方が無難でしょう。

2 kg	two kilograms
100 g	hundred grams

1 L	one liter, a liter
2 ml	two milliliters
100 cc	hundred cc
5 lb(s).	five pounds
12 oz	twelve ounces
3 gal	three gallons

💡tips : 1 gallon = 4 quarts = 8 pints

− 5℃	minus five degree Celsius / centigrade, five degrees below zero
0℃	zero degrees

💡tips : 複数扱いに注意しましょう。

100 F	hundred degrees Fahrenheit
pH	pH

💡tips : 日本語の「ペーハー」でなく ph のままで発音します。

Hz	hertz

💡tips : 英語での発音は「ヘルツ」ではなく「ハーツ」と発音します。

b	bit
B	byte

💡tips : 1 byte = 8 bits

100 KB	hundred kilobytes
10 MB	ten megabytes
5 GB	five gigabytes
1 TB	one terabyte
64 kbps, kbit/s	sixty four kbps, sixty-four kilobits per second
1 KBps, KB/s	one kilobyte per second

1961	nineteen sixty-one
80s	eighties
2000	two thousand
2005	two thousand five
2011	two thousand eleven, twenty eleven
February 1	february one / first
2 March	second of March (イギリス式)
9/11, 9.11	nine eleven

💡tips ： アメリカの緊急番号の 911 は nine one one と発音します。

Q1 = first quarter	
Q2 = second quarter	
Q3 = third quarter	
Q4 = fourth quarter	
9 am	nine am
3 pm	three pm
12 pm	twelve pm, noon
12 am	twelve am, midnight

💡tips ： 英語では、am, pm は、数字の後に来ます。アメリカやカナダでは、24 時制は軍隊以外では使いません。1400 hours (14時)、2000 hours (20 時)。0000 hours も 0100 hours も複数扱いです。

24/7/365	twenty-four-seven three-sixty- five

💡tips ： 24 時間週 7 日 365 日、つまり年中無休という意味です。

金額

$103.92	hundred three dollars and ninety two cents
$6,072	six thousand and seventy two dollars
¥20,000	twenty thousand yen
€108 million	hundred eight million euro(s)
£24 billion	twenty-four billion pounds
US$3 trillion	three trillion US dollars
$1/pc	a dollar per piece, a dollar a piece
$2/lb	two dollars per pound, two dollars a pound
$3.15/gal	three dollars and fifteen cents per gallon, three-fifteen a gallon
¥	yen sign
JPY	Japanese yen
C$, CAD	Canadian dollar
A$, AUD	Australian dollar
NZ$, NZD	New Zealand dollar
S$, SGD	Singapore dollar
HK$, HUD	Hong Kong dollar
RMB	RMB (renminbi 人民元) スペル通りの発音
CNY	Chinese yuan

記号

·	bullet
*	asterisk 電話では Star
" "	quote / quotation mark
@	at (sign)

#	number, pound (sign)

💡tips イギリス英語圏では hash。英語では「シャープ」とは呼びません。

^	caret
/	slash, Forward slash
\	backslash
|	vertical bar
( )	parentheses
[ ]	brackets
< >	brackets
-	hyphen

💡tips アメリカでは dash も hyphen と読まれることが多いです。

__	underline, underscore
+	plus (sign)
=	equal(s) (sign)
±	plus-minus sign 例 "±1" plus or minus one
≠	not-equal-to sign is not equal to, does not equal
<	less than
>	greater than
≦	less than or equal to
≧	greater than or equal to

図形

丸	circle
三角	triangle
四角	square
長方形	rectangular
台形	trapezoid

平行四辺形	parallelogram
五角形	pentagon
六角形	hexagon
楕円形	oval
円柱	cylinder
円錐	cone
球	sphere
吹き出し	balloon
——	horizontal line
│	vertical line
→	right arrow
←	left arrow
↑	up arrow
↓	down arrow

数式

$1 + 1 = 2$ One plus one is / equals two.

$10 - 7 = 3$ Ten minus seven is / equals three.

$2 \times 2 = 4$ Two by two is four.
    Two times two equals four.

$9 \div 3 = 3, 9 / 3 = 3$
    Nine divided by three is /
    equals three.

有元美津世（ありもと みつよ）

　大学卒業後、日米企業勤務を経て渡米。MBA 取得後、独立。16 年にわたり日米企業間の戦略提携コンサルティング業を営む。現在は投資家。在米 30 年の後、東南アジアや中央アジアをノマド中。

　著書に『新面接の英語』『プレゼンの英語』『英文履歴書の書き方 Ver.3.0』『英語は 7 つの動詞でこんなに話せる』『これからを愉しむ大人の英会話』『ビジネスに対応　英語でソーシャルメディア！』『英語で Twitter!』（ジャパンタイムズ出版）、『ロジカルイングリッシュ』（ダイヤモンド）、『図解アメリカのソーシャルメディア・ビジネスのしくみ』（あさ出版）など。韓国語や中国語にも翻訳され、韓国、中国、台湾で出版されている。

　2013 年より Daijob.com でグローバル人材向けキャリアアドバイス「有元美津世の Get Global!」執筆。

新定番 プレゼンの英語フレーズ 1000

2023 年 10 月 20 日　初版発行

著　者	有元美津世
	@Mitsuyo Arimoto, 2023
発行者	伊藤 秀樹
発行所	株式会社ジャパンタイムズ出版
	〒102-0082
	東京都千代田区一番町 2-2　一番町第二 TG ビル 2F
	ウェブサイト https://jtpublishing.co.jp/
印刷所	日経印刷株式会社

Printed in Japan ISBN 978-4-7890-1868-5

本書のご感想をお寄せください。
https://jtpublishing.co.jp/contact/comment/